MARIA
EM NOSSA VIDA

PADRE LÚCIO CESQUIN

MARIA
EM NOSSA VIDA

astral
cultural

Copyright © 2019, Padre Lúcio Cesquin
Copyright de prefácio © 2019, Padre Juarez Pedro de Castro
Todos os direitos reservados à Astral Cultural e protegidos pela Lei 9.610, de 19.2.1998. É proibida a reprodução total ou parcial sem a expressa anuência da editora.
Este livro foi revisado segundo o Novo Acordo Ortográfico da Língua Portuguesa.

Editora responsável Tainã Bispo
Produção editorial Aline Santos, Bárbara Gatti, Fernanda Costa, Fernanda Villas Bôas, José Cleto, Luiza Marcondes e Natália Ortega
Capa Marina Avila
Foto de capa Rodrigo Takeshi
Foto miolo Duncan Andison/Shutterstock images

Dados Internacionais de Catalogação na Publicação (CIP)
Angélica Ilacqua CRB-8/7057

c418m   Cesquin, Lúcio
Maria em nossa vida / Lúcio Cesquin.
— Bauru, SP : Astral Cultural, 2019.
128 p.

ISBN: 978-85-8246-888-3

1. Maria, Virgem, Santa 2. Orações e devoções
2. Vida cristã I. Título

19-0436
CDD 232.91

Índice para catálogo sistemático:
1. Virgem Maria 232.91

 ASTRAL CULTURAL EDITORA LTDA

BAURU
Avenida Duque de Caxias, 11-70 - 8º andar
Vila Altinópolis
CEP 17012-151
Telefone: (14) 3879-3877

SÃO PAULO
Rua Major Quedinho, 111 - Cj. 1910, 19º andar
Centro Histórico
CEP 01050-904
Telefone: (11) 3048-2900

E-mail: contato@astralcultural.com.br

"Sigamos o exemplo da Mãe de Deus para que, também em nós, a graça do Senhor encontre resposta em uma fé genuína e fecunda."

Papa Bento XVI

SUMÁRIO

Agradecimentos..11
Prefácio..13
Introdução..15

Capítulo 1 – Quem foi Virgem Maria..........................21
Imaculada Mãe de Jesus..26
Assunção..28
Fé não é idolatria..29

Capítulo 2 – Maria em minha vida..............................33
A primeira namorada..39
Os sinais da vocação...40
O ingresso no seminário...42
A entrada na Rede Vida..44
Enfim, padre!...46
Um sonho realizado..47

Capítulo 3 – Nossa Senhora de Fátima............53
A iluminada revelação............56
Mistérios da fé............58
   Primeiro mistério: a visão do inferno............59
   Segundo mistério: a guerra, a devoção ao Imaculado Coração de Maria e a conversão da Rússia............59
   Terceiro mistério: a previsão do atentado ao Papa............60

Capítulo 4 – O santo terço............63
O poder da Ave-Maria............66
O poder do Pai-Nosso............69
Os Mistérios............72

Capítulo 5 – Maria em Sua Vida............75
Doçura Angélica............80
Fé Viva............80
Humildade Profunda............81
Mãe do Supremo Amor............81
Mortificação Universal............82
Obediência Perfeita............82
Oração Contínua............83
Paciência Heroica............84
Pureza Divina............85
Sabedoria Divina............86

Capítulo 6 – Bênçãos de Nossa Senhora......87
União para a família..................92
Saúde fortalecida....................95
Proteção para o relacionamento........97
Trabalho iluminado...................101
Doenças da alma.....................104
Proteção contra a inveja.............107
Superação do luto...................110
O poder do perdão...................112
Vícios..............................115
Mazelas do mundo....................118

Posfácio............................123
Referências bibliográficas..........125

AGRADECIMENTOS

Esta obra só foi possível de ser realizada mediante a graça de Deus. E eu sou testemunho vivo de que a fé e a bondade são dons que transformam a vida dos seres humanos.

Então, em primeiro lugar, agradeço ao Nosso Senhor e à Sua Santa Mãe, Nossa Senhora de Fátima, pelas maravilhas que fazem em minha vida.

Também agradeço aos meus avós maternos, Antonio Cesquin e Elisa Jardim Cesquin, que já estão no Céu. Pois todas as qualidades que possuo são frutos do mais profundo amor dado a mim sem esforços, criando um neto como se fosse um filho.

À minha mãe, Solange, que engravidou de mim quando era praticamente uma menina e exerce o papel de pai e mãe.

De modo especial àquele que vejo como um pai, que confiou em mim, concedeu-me a oportunidade de realizar meu sonho de ser apresentador de TV e é o meu padrinho para a vida toda: Luiz Antonio Monteiro de Barros. A ele, inclusive, manifesto a oportunidade de expressar verdadeiro

Padre Lúcio Cesquin

e profundo amor, bem como à sua família: a esposa Márcia, os filhos Mariana, Lucas e Marcelo, o irmão Monteiro Neto e o pai Monteiro Filho. Como diria São João, no final de seu Evangelho: "muitas coisas mais poderiam ser escritas..." (neste caso, sobre o amor e a gratidão pela família Monteiro), "mas estas foram escritas para que todos reconheçam meu afeto filial e do qual me sinto como parte, não pelos laços sanguíneos, mas como filho espiritual e de consideração".

E a você, querido leitor, querida leitora, que me fará companhia nas próximas páginas, deixo minhas bênçãos de agradecimento.

Salve, Maria!

PREFÁCIO
POR PADRE JUAREZ PEDRO DE CASTRO

Quando tomei conhecimento do título do livro, Maria em nossa vida, me emocionei sobremaneira. Que grande verdade que se coloca diante de nós: Maria presente em nossa vida. Não há como negar. Se olhamos para Jesus, necessariamente vamos enxergar Maria e assim, da mesma maneira, quando voltamos nosso olhar para Maria, veremos Jesus. Não há como olhar pra Jesus e não ver Maria ao seu lado. Se olho pra Jesus em Belém, vejo Maria naquela gruta pobre com o Rei dos reis em seus braços. Se olho Jesus em Nazaré, crescendo em idade, sabedoria e graça, enxergo Maria que cuidava de seu filho com carinho e amor. Se vejo Jesus em suas pregações, percebo Maria extasiada diante de tanta sabedoria como primeira discípula que ouvia o Mestre. Se sigo Jesus no caminho da cruz, vejo Maria que olha, com dor n'alma, seu filho que carrega o duro madeiro onde morrerá por todos nós. Se contemplo a cruz de onde pendeu a salvação do mundo, necessariamente vejo Maria aos pés daquela mesma cruz, olhando serenamente para seu filho que agoniza.

Se teimo em pousar meu olhar no Calvário, hei de ver o Salvador do mundo nos braços de sua mãe que, cheia de dor, sustenta-se na esperança da Ressurreição.

Maria estava na vida de Jesus, assim como Jesus preenchia a vida de Maria. Ora, foi na cruz que Jesus, olhando pra João, nos deu como mãe, a sua própria mãe — "Filho, ei aí a tua mãe" — daquele momento em diante ela é mãe de Deus e também nossa. Foi então que, a partir da cruz, podemos afirmar que Maria está em nossas vidas. Assim como esteve junto de Jesus e permanece com Ele, Maria é presença intercessora e amável em nossas vidas para nos fazer permanecer firmes diante das cruzes e para nos socorrer quando o vinho da nossa vida faltar. Maria em nossas vidas é a compreensão mais verdadeira e inspiradora que o Padre Lúcio poderia nos trazer, lembrando a cada instante que a Mãe de Deus permanece junto de nós como permaneceu na vida de Jesus. Padre Lúcio, em sua sabedoria e ternura, nos lembra diariamente dessa presença amorosa e eficaz da Mãe de Deus quando, todos os dias, pela Rede Vida, nos coloca diante de Jesus e de Maria pelo Santo Terço. Agora, através deste livro, vamos nos lembrar a cada instante e principalmente quando nos dirigirmos a ela que Maria em nossas vidas é a certeza do carinho e do incomensurável amor de Deus por nós. Que sigamos em paz com a alegria de quem é embalado nos braços da Mãe de Deus.

INTRODUÇÃO

Todo ser humano possui histórias e acontecimentos que ficam para sempre guardados na mente. Alguns nos marcam tanto que é quase impossível não deixar rastros ou sinais relevantes. Este é o meu caso.

Meu nome é Lúcio Cesquin, sou jornalista e padre nascido em São Paulo. Apesar de jovem, minha trajetória é marcada por muitos aprendizados que eu, humildemente, gostaria de dividir com você nas próximas páginas.

Dentre tantas coisas que vivi, desde minha conversão aos quinze anos de idade, quando assumi com maior responsabilidade e dedicação o sentido de ser cristão, posso afirmar categoricamente que nem sempre as experiências que enfrentei foram agradáveis.

Por muitas vezes, as dificuldades me preocupavam de tal maneira que me deixavam confuso. De um lado, frequentava a Igreja de forma regular e estava crescendo passo a passo na fé. De outro, amigos e colegas de diferentes confissões religiosas viam minha caminhada no Catolicismo e se aproximavam para provocar e me mostrar trechos da Bíblia, dizendo que a Igreja Católica cometia o pecado da idolatria. E eu, que havia acabado de me converter e estava sendo bombardeado com tantas informações, ficava com algumas dúvidas: mas, afinal, onde está a verdade? Será que tudo o que estou acreditando é contra a Bíblia?

Mas a verdade é que foi apenas a partir da existência desses questionamentos em minha vida que comecei a me aprofundar nas questões essenciais de fé do Cristianismo.

Meu maior apoio foi o Catecismo da Igreja Católica sob a supervisão daquele por quem passei a ter respeito e admiração incondicional: o Cardeal Ratzinger que, mais tarde, iria se tornar o Papa Bento XVI.

Iniciei o estudo aprofundado do Catecismo. Notei que os cristãos dos primeiros séculos, aqueles que formavam o alicerce da defesa da fé, nutriam carinho e veneração especial pela figura de Maria. Um respeito profundo, não a apresentando como criadora — pois isso seria uma heresia —, mas reconhecendo Maria como uma criatura que mereceu ser a "Bendita entre as mulheres", a "Mãe do Meu Senhor", a "Cheia de Graça". Concluí, já naquele período, que Maria era uma personagem de grande relevância na história da salvação, pois foram seus seios puríssimos que alimentaram o Cordeiro de Deus, o Pontífice Sacrificador de Si Mesmo, o Filho Divino, ou seja, o Cristo.

Maria em nossa vida

No Ofício das Laudes, onde os seminaristas são convidados a iniciar a vida de oração oficial da Igreja, pude me aproximar ainda mais do que os santos padres pensavam sobre Maria por meio de leituras de textos antigos, alguns, inclusive, do século II d.C.

Em minha monografia de conclusão do curso de Teologia, escrevi sobre o protagonismo de Nossa Senhora no Concílio de Éfeso. Foi a partir daí que houve um maior crescimento de fé, uma vez que Ela passou a ser oficialmente chamada de "Mãe de Deus".

Mas a minha maior experiência veio com o trabalho que comecei a desenvolver na Rede Vida de Televisão, desde maio de 2010, apresentando o telejornal JCTV. Lá, a presença de Nossa Senhora passou a ser mais forte e a certeza que Ela está sempre comigo me trouxe bênçãos e proteção.

No meio desse caminho, em 14 de outubro de 2012, fui ordenado Diácono na cidade de Guarulhos, interior de São Paulo. Pouco mais de um ano depois, já com quase quatro anos no comando do telejornal JCTV, recebi um dos maiores presentes de minha vida: o convite para apresentar o programa O Santo Terço. É uma tarefa diária que deve ser exercida com extrema responsabilidade, pois se trata de uma das atrações mais antigas da emissora e ao vivo, no horário das seis da tarde, a hora da Ave-Maria. (Apenas aos sábados o programa vai ao ar às 16h30.)

Padre Lúcio Cesquin

Na Rede Vida, também sou diretor espiritual do Projeto Juntos pela Vida; preparo o calendário litúrgico do *marketing* mensalmente; e apresento outros programas de forma esporádica. Na Igreja, sete anos depois de me ordenar Diácono, atendi aos chamados de Deus, de Nossa Senhora, da Igreja e do meu coração e fui ordenado padre.

E é a partir dos pontos apresentados que desejo partilhar com você, meu irmão e minha irmã, o que vi e vivi nestes anos sobre a fé em Cristo e na figura de Nossa Senhora de Fátima. Escrever um livro sempre foi um sonho para, além de perpetuar as maravilhas que recebi como servo de Deus, poder auxiliar meu irmão e minha irmã que vão me acompanhar por aqui.

Minha intenção não é fazer um tratado teológico ou dogmático. Antes disso, desejo apresentar as experiências pessoais de fé em Jesus Cristo e Nossa Senhora vividas por mim ao longo dessa caminhada na Igreja Católica Apostólica Romana e, por meio delas, ajudar você a superar os desafios que porventura possam surgir em sua vida.

Espero que, com minhas palavras, você sinta a transparência de um testemunho de amor. Tudo o que registro são fatos que ocorreram em minha vida e expressam não apenas minha fé, mas ensinamentos da Igreja. Que, junto comigo, você encontre luz para os seus problemas, força para prosseguir e fé inabalável em Jesus e Nossa Senhora. Isso porque a Virgem Maria é a mais especial das criaturas de Deus. Está acima dos anjos e de todos os santos. Deus quis assim! Jesus nos deu-a como Mãe de toda a humanidade quando pregado na cruz, disse: "Esta é a tua mãe". Então, que a Virgem Maria possa guiar nossos passos. Salve, Maria!

CAPÍTULO 1

Quem foi Virgem Maria

Em perfeita e plena comunhão com a fé que a Igreja Católica professa há milhares de anos, devemos nos perguntar: Maria poderia ser considerada uma "mulher comum", que não teve protagonismo nos planos de Deus para participar da salvação do mundo? A resposta é óbvia: não! E, nas próximas linhas, você entenderá o motivo.

Maria foi humana, assim como nós, mas possuía um coração puro e repleto de virtudes. Hoje, 2.019 anos após o nascimento de Jesus, sua história continua cercada de mistérios e pouco se sabe, de fato, sobre sua vida. Tanto que, até mesmo no Novo Testamento, poucas passagens a mencionam. Apesar disso, ela é um dos símbolos máximos de fé no Cristianismo, representada por inúmeras faces às quais chamamos de Nossa Senhora.

Padre Lúcio Cesquin

Mas quem foi essa mulher tão virtuosa? Segundo a Antiga Tradição da Igreja, ela nasceu na pequena Nazaré, na Galileia (hoje localizada na região norte de Israel). Filha de Santa Ana e São Joaquim, era uma dona de casa simples, de religião judaica, que teve sua pacata vida transformada muito cedo: entre doze e catorze anos, segundo os estudiosos. Foi com essa idade (naquela época era comum que as mulheres se casassem e tivessem filhos muito novas) que ela recebeu a visita do Anjo Gabriel:

"Naquele tempo, o anjo Gabriel foi enviado por Deus a uma cidade da Galileia, chamada Nazaré, a uma virgem, prometida em casamento a um homem chamado José. Ele era descendente de Davi e o nome da Virgem era Maria. O anjo entrou onde ela estava e disse: 'Alegra-te, cheia de graça, o Senhor está contigo!'. Maria ficou perturbada com estas palavras e começou a pensar qual seria o significado da saudação. O anjo, então, disse-lhe: 'Não tenhas medo, Maria, porque encontraste graça diante de Deus. Eis que conceberás e darás à luz um filho, a quem porás o nome de Jesus. Ele será grande, será chamado Filho do Altíssimo, e o Senhor Deus lhe dará o trono de seu pai Davi. Ele reinará para sempre sobre os descendentes de Jacó, e o seu reino não terá fim'. Maria perguntou ao anjo: 'Como acontecerá isso, se eu não conheço homem algum?'. O anjo respondeu: 'O Espírito virá sobre ti, e o poder do Altíssimo te cobrirá com sua sombra. Por isso, o menino que vai nascer será chamado Santo, Filho de Deus. Também Isabel, tua parenta, concebeu um filho na velhice. Este já é o sexto mês daquela que era considerada estéril, porque para Deus nada é impossível'. Maria, então, disse: 'Eis aqui a serva do Senhor; faça-se em mim segundo a tua palavra!'. E o anjo retirou-se." (Lucas 1:26-38)

Essa passagem, a Anunciação do Senhor, mostra a primeira atitude da fé e resiliência de Maria de que se tem notícia. Da mesma forma, José aceitou sua missão junto com Nossa Senhora:

"Ora, o nascimento de Jesus Cristo foi assim: que estando Maria, sua mãe, desposada com José, antes de se ajuntarem, achou-se ter concebido do Espírito Santo. Então José, seu marido, como era justo, e a não queria infamar, intentou deixá-la secretamente. E, projetando ele isto, eis que em sonho lhe apareceu um anjo do Senhor, dizendo: 'José, filho de Davi, não temas receber a Maria, tua mulher, porque o que nela está gerado é do Espírito Santo. E dará à luz um filho e chamarás o seu nome Jesus; porque Ele salvará o seu povo dos seus pecados. Tudo isto aconteceu para que se cumprisse o que foi dito da parte do Senhor, pelo profeta, que diz: Eis que a virgem conceberá, e dará à luz um filho, e chamá-lo-ão pelo nome de Emanuel, que traduzido é: Deus conosco.' E José, despertando do sono, fez como o anjo do Senhor lhe ordenara, e recebeu a sua mulher. E não a conheceu até que deu à luz seu filho, o primogênito, e pôs-lhe por nome Jesus." (Mateus 1:18-25)

Tampouco se sabe sobre a história do carpinteiro. Imagina-se, ao estudar as Sagradas Escrituras, que ele teria morrido cedo, visto que não é citado na passagem sobre as Bodas de Caná (João 2:1-11) nem nas narrativas sobre a crucificação e morte de seu filho, Jesus.

Imaculada Mãe de Jesus

O Credo Niceno-Constantinopolitano[1.] afirma que Jesus Cristo foi "gerado, não criado". Assim, fica claro compreender que Nosso Senhor não tinha a mancha do pecado original. Mas muitos esquecem que Maria também foi preservada dessa mancha sendo, por isso, Imaculada. Na verdade, o Missal Romano[2.]

---

1. Declaração de fé cristã aceita pela Igreja Católica e diversas outras igrejas que seguem o Cristianismo.
2. É o livro usado pelo celebrante, em missas de rito romano, com inúmeras orações eucarísticas.

é bem claro ao citar as orações para a missa celebrada em todo dia oito de dezembro, quando se festeja a Imaculada Conceição.

"...A fim de preparar para o vosso Filho mãe que fosse digna Dele, preservastes a Virgem Maria da mancha do pecado original, enriquecendo-a com a plenitude de vossa graça. Nela, nos destes a primícia da Igreja, esposa de Cristo, sem ruga e sem mancha, resplandecente de beleza. Puríssima, na verdade, devia ser a Virgem que nos daria o Salvador, o Cordeiro sem mancha, que tira nossos pecados. Escolhida entre todas as mulheres, modelo de santidade e advogada nossa, ela intervém constantemente em favor de vosso povo..." (Missal, pág. 716) Em um de seus escritos, o evangelista Lucas narra um momento muito importante que exalta a santidade da Virgem Maria. O fato acontece quando ela visita Isabel, sua prima, que estava grávida daquele que ficou conhecido como João Batista.

Quando Isabel viu Nossa Senhora, o bebê mexeu em seu ventre, levando-a a saudar a Virgem, que retribuiu e professou sua fé por meio do cântico chamado de Maginificat:

> "A minh'alma engrandece o Senhor e o meu espírito se alegrou em Deus, meu Salvador. Pois Ele me contemplou na humildade da sua serva. Pois desde agora e para sempre me considerarão bem-aventurada. Pois o Poderoso me fez grandes coisas. Santo é Seu nome! A Sua misericórdia

se estende a toda a geração daqueles que o temem. Com o Seu braço, agiu mui valorosamente. Dispersou os que no coração têm pensamentos soberbos. Derrubou dos seus tronos os poderosos. Exaltou os humildes, encheu de bens os famintos, despediu vazios os ricos. Amparou a Israel Seu servo para lembrar-se da Sua misericórdia a favor de Abraão e sua descendência, como havia falado a nossos pais." (Lucas 1:46-55)

Assunção

Do mesmo modo que Maria Santíssima foi a única criatura humana a viver sem a mancha do pecado original, ela também não poderia padecer sob a pena da morte de seu corpo físico.

"Era necessário que aquela que, no parto, havia conservado ilesa sua virgindade, conservasse também sem corrupção alguma seu corpo depois da morte. Era preciso que aquela que havia trazido no seio o Criador feito menino habitasse nos tabernáculos divinos. Era necessário que aquela que tinha visto o Filho sobre a cruz, recebendo no coração aquela espada das dores das quais fora imune ao dá-Lo à luz, O contemplasse sentado à direita do Pai. Era necessário que a Mãe de Deus possuísse aquilo que pertence ao Filho e fosse honrada por todas as criaturas como Mãe de Deus", escreveu São João Damasceno, monge e sacerdote que viveu entre os séculos VII e VIII d.C.

Dessa forma, como nos ensina a Igreja Católica, aconteceu a Assunção de Nossa Senhora que, ao morrer, foi levada de corpo e alma aos Céus.

O Dogma[3] da Assunção, porém, só foi oficialmente declarado no século passado, no ano de 1950, pelo Papa Pio XII, que disse: "(...) os corpos dos justos se dissolvem depois da morte, e somente no último dia tornarão a unir-se, cada um com sua própria alma gloriosa. Mas, desta lei geral, Deus quis excetuar a Bem-Aventurada Virgem Maria. Ela, por um privilégio todo singular, venceu o pecado; por sua Imaculada Conceição, não estando por isso sujeita à lei natural de ficar na corrupção do sepulcro, não foi preciso que esperasse até o fim do mundo para obter a ressurreição do corpo". Desde então, a festa da Assunção da Virgem Maria acontece todo dia 15 de agosto.

Fé não é idolatria

Os mistérios acerca da Virgem Maria, até hoje, causam injustas apatias por Nossa Mãe, além de infundadas especulações. Dentre elas, o mito da idolatria. O católico não comete idolatria e, se o fizer, pode ser chamado de tudo, menos de católico. A Igreja jamais ensinou a ver Maria como deusa ou a adorar Nossa Senhora. Ao contrário, nos ensina a seguir os seus

---
3. Dogma é uma verdade fundamental de uma doutrina que não pode ser contestada.

ensinamentos e a viver de acordo com suas virtudes, como reforçou o Papa São Pio X, em 1904, em sua encíclica[4] sobre a Imaculada Conceição:

> "Quem quiser, como todos deveriam querer, que a sua devoção à Virgem seja justa e cabalmente perfeita, deve ir mais além e pôr todo o seu empenho em imitar o seu exemplo. Com efeito, é lei divina que os que desejam tomar posse de eterna bem-aventurança reproduzam em si, imitando-as, a paciência e a santidade de Cristo. Porque 'os que Ele distinguiu de antemão, também os predestinou para serem conformes à imagem de seu Filho, a fim de que este seja o primogênito entre uma multidão de irmãos' (Romanos 8:29). Ora, dado que a nossa fraqueza é de tal ordem que facilmente nos desanimemos frente à sublimidade de tamanho modelo, Deus nos providenciou um outro exemplar que fosse o mais semelhante a Cristo, tanto quanto é possível à natureza humana, e estivesse mais à altura da nossa fragilidade. E este modelo não é outro que a Mãe de Deus".

É importante ressaltar que, quando falamos nas diversas faces de Nossa Senhora — como Nossa Senhora de Fátima, das

---

4. Encíclica é uma carta circular do Papa que aborda algum tema específico da Doutrina Católica.

Graças, Aparecida, Rainha da Paz etc. — estamos falando da mesma Virgem Maria, Santa Mãe de Deus e nossa. Esses títulos se referem às aparições de Maria e, a cada aparição, ela se revela como intercessora de seus filhos a Nosso Senhor, compadecendo-se de nós e pedindo o auxílio D'Ele. O primeiro exemplo dessa intercessão de Nossa Senhora ocorreu nas Bodas de Caná, quando ela se solidarizou com os noivos ao saber que havia acabado o vinho da festa. Ao pedir ajuda a Jesus, Ele disse que ainda não havia chegado a sua hora. Mas sabiamente Maria dirigiu-se aos noivos e aos convidados dizendo: "Fazei tudo o que Ele vos disser". E assim se deu o milagre da transformação da água em vinho, símbolo bíblico da alegria (João 2:1-12). O mesmo pedido direcionado a Jesus, pela sua intercessão, também pode ser notado na Oração do dia:

> "Ó Deus, que preparastes uma digna habitação para o Vosso Filho pela Imaculada Conceição da Virgem Maria, preservando-a de todo pecado em previsão dos méritos de Cristo, concedei-nos chegar até vós purificados também de toda culpa por sua materna intercessão. Por Nosso Senhor Jesus Cristo, Vosso Filho, na unidade do Espírito Santo (Ibidem, pág. 715)".

Essas são demonstrações de fé e respeito — jamais idolatria! —

Padre Lúcio Cesquin

àquela que Jesus, prestes a morrer na cruz, nos deixou como mãe por meio de seu primo, São João: "Ao ver Sua Mãe e junto d'Ela o discípulo que Ele amava, Jesus disse à Sua mãe: 'Mulher, eis aí o teu filho'. Depois disse ao discípulo: 'Eis aí a tua Mãe'." (João 19:26-27.)

CAPÍTULO 2

Maria em minha vida

Era o final do ano de 1999. Uma espécie de pânico acabou sendo criada pelos meios de comunicação que divulgavam o "bug do milênio". Começaria não apenas um novo século, mas um novo milênio, e não se sabia ao certo o que aconteceria quando o calendário indicasse 1º de janeiro de 2000, abreviado simplesmente como 01/01/00. Será que os computadores "entenderiam" que os números "00" eram o começo de um novo milênio ou entrariam em colapso no mundo todo, como se a data indicasse 01/01/1900? Pairava a dúvida no ar...

No tocante à Igreja, é impossível não recordar do grande Jubileu do ano 2000, quando o Sumo Pontífice era o Papa

Padre Lúcio Cesquin

João Paulo II. E foi nesse clima de transformação mundial, com várias incertezas e grande euforia tecnológica, que, na Páscoa de 2000, em São José do Rio Preto, no interior de São Paulo, iniciou-se em mim um processo de mudança de vida. Foi o meu primeiro encontro com o Sagrado, com o desejo de buscar as coisas do Céu. Algo que pode simplesmente ser chamado de conversão.

Éramos quatro pessoas em um apartamento no interior de São Paulo. As coisas não eram fáceis, mas, graças à bondade do Senhor Jesus, não faltava o necessário. O lar era formado pelos meus avós maternos, Antonio e Elisa (pessoas de origem humilde, mas com uma fonte inesgotável de amor); Solange, a filha jovem e única do amoroso casal; e eu. Foi neste lar que conheci o profundo sentido da palavra "amor".

Seu Antonio era descendente de italianos e, por causa da infância pobre, sabia exatamente como economizar. Trabalhador responsável, não deixava faltar nada em casa, mas também não admitia qualquer espécie de desperdício. Dona Elisa, filha de um italiano nascido na Sicília e tendo chegado ao Brasil em 1907, era a pessoa que todos amavam e queriam estar perto. Sem exagero algum, ela foi uma verdadeira santa em vida que influenciou diretamente na minha criação. Muitas vezes, Dona Elisa foi pai, mãe, avó e amiga ao mesmo tempo. Ela era companheira fiel do meu avô, cuidava 24 horas de mim e do lar, e ajudava minha mãe que, nessa época, enfrentava a rotina que tantas jovens enfrentam nos tempos atuais: trabalhava durante o dia para cuidar da sobrevivência do filho e estudava à noite. Tendo se tornado mãe aos vinte anos de idade, parecia uma criança que cuidava de outra criança. Mas isso era apenas aparência, pois Solange se mostrava madura nos pensamentos e sentia, graças à educação rígida que recebeu do pai, o peso da responsabilidade de criar um filho.

Este era o lar e a origem da história deste jovem que conheceu e se apaixonou por Jesus e Maria. Embora tenha sido batizado na Igreja Católica pelos avós maternos, eu não costumava frequentar a Igreja. Na verdade, esse não era costume de ninguém da família. Todos se diziam católicos, mas lembro-me apenas de duas vezes em que meu avô participou da Santa Missa na Catedral que ficava em frente à nossa casa. A minha avó rezava em casa e a minha mãe não era atenta a questões de fé. Apenas a minha avó paterna, Dona Zulmira, costumava dizer: "Você tem que fazer catequese!". Como eu não sabia do que se tratava, confesso que sentia até medo e ficava envergonhado diante dela por não querer aprender o Catecismo. Assim, minha conversão não foi imposta pela tradição familiar, tampouco incentivada. Nunca se tratou de "seguir o costume dos mais velhos", como muito se diz. Foi por isso, inclusive, que a família, quando percebeu essa mudança de vida, até estranhou. Mas, então, como se deu a tal conversão?

Padre Lúcio Cesquin

Naquela época, meu melhor amigo, Fernando Martins de Melo, era um ótimo companheiro de infância e sua família era espírita. Em um determinado domingo de manhã, ele me chamou para participar de uma das reuniões com seus familiares. Disse que seria uma palestra, em que só falariam coisas boas. Pela amizade, aceitei. Tudo o que me lembro do momento é de um homem com uma lousa ensinando a Doutrina para os presentes. Ao sair de lá, porém, ouvi uma voz interior que me disse: "Por que você não leva a sério sua religião? Você foi batizado na Igreja Católica! Faça também a sua parte. Por que você não vai à missa?". Foi nesse exato domingo que a minha vida começou a mudar. Senti o chamado e o desejo de ir à missa e assumir a minha religião. Logo eu, que tinha certa antipatia por frequentar cultos religiosos e só pensava em namorar e trabalhar na televisão.

Então, à noite, fui à celebração na Sé Catedral de São José, que ficava a dois quarteirões de casa. Chegando lá, sem saber absolutamente nada do rito da missa, sentei-me e acompanhei com o folheto. Lembro-me da letra da primeira música que ouvi: "Ele vive, aleluia, Ele reina, para sempre, Ele é Deus e Senhor!". Transcorrida a celebração, fui me sentindo muito bem e percebia que aquela voz que me chamou à Igreja também estava feliz. E, assim, passei a frequentar as missas regularmente. Em casa, apesar de acharem bom, minha mãe e meus avós questionavam o motivo da minha mudança de comportamento.

Maria em nossa vida

Os meses foram passando e em pouco tempo aprendi a maioria dos cânticos da Igreja. Certo dia, durante a oração do Pai Nosso cantada, senti o desejo de dar mais um passo: participar do coral. Procurei o líder do grupo e falei: "Eu gostaria de ajudar a cantar"; ele respondeu: "Excelente! Os ensaios ocorrem no dia tal". E, então, permaneci no coral das missas de sábado durante anos. Depois, comecei também a cantar nas missas de domingo à noite. Era apaixonante e crescia o gosto por me engajar mais na Paróquia, de modo que vieram outras atividades, como ajudar nas quermesses, nas procissões, na Liturgia da Palavra e em tantas outras coisas. Naquele mesmo ano, recebi a Primeira Comunhão e o Sacramento da Crisma, e assim eu me converti.

A primeira namorada

Eu era extremamente tímido, mas, como qualquer jovem, tinha vontade de namorar, casar e ter filhos. Nos encontros de família, sempre tinha algum tio que perguntava: "E as namoradinhas?". Eu me contorcia de vergonha dizendo que ainda não tinha. Mas, no fundo, queria encontrar uma menina bonita por dentro e por fora. E foi no coral que isso aconteceu. Foi paixão à primeira vista! E percebi que ela também havia gostado de mim, pois me olhava de vez em quando. Seguimos nos encontrando poucas vezes nas celebrações até que surgiu o convite para o casamento de um casal que também havia se conhecido no coral. Como não tinha dinheiro para comprar uma nova roupa de festa, tingi um velho paletó do meu avô e me arrumei para ir. No decorrer do evento, quando encontrei a menina, cheio de vergonha, me aproximei, puxei assunto e, depois de algum tempo, a pedi em namoro. Ela ficou feliz e disse que me daria a resposta no dia seguinte, pois antes falaria com seus pais.

No domingo à noite, após a missa, ela veio me dizer que aceitava o meu pedido e iniciou-se ali o primeiro namoro de ambos que durou quase um ano. Interessante que a própria família dela, a quem eu respeitava muito, falava que via vocação sacerdotal em mim. Eu pensava algumas vezes, sim, em ser sacerdote, mas meu plano, até o momento, era me casar com aquela menina. Tanto que sofri com o fim do relacionamento. Hoje, porém, entendo que aqueles não eram os planos de Deus nem para ela nem para mim.

Os sinais da vocação

Durante muito tempo, ouvi que há jovens que jamais tiveram um relacionamento e buscavam o sacerdócio para "fugir" de algum conflito, ou mesmo para atender a um sonho de um familiar, inclusive com promessas feitas de que tal rapaz seria padre. Nenhuma dessas possibilidades se aplicava a mim. Jamais tive algum problema com relacionamento, fui feliz no namoro e não houve frustração. Quanto à exigência familiar, ou pressão para que eu entrasse para o Seminário, esta nunca existiu. Aliás, enfrentei o contrário: uma resistência enorme de minha família, sobretudo de minha mãe. Ela jamais quisera que o filho dela fosse padre. Achava bonito que houvesse padres no mundo, mas que fossem os filhos de outras pessoas. Por isso, esse caminho não foi tão fácil para mim.

Eu cursava Jornalismo porque tinha o sonho de ser apresentador de TV, ou melhor, animador de auditório. Nesse tempo, crescia o zelo litúrgico e um desejo enorme de servir ao altar. Eu me achava muito grande para ser chamado de "coroinha", mas disseram que eu poderia servir como acólito, o que me causou verdadeiro entusiasmo. Aos finais de semana, a verdadeira alegria era ir à missa, estar próximo ao sacerdote e aprender com ele. Aos poucos, deixei o coral e fui me aprofundando na vida da comunidade, chegando a ser catequista durante mais de um ano. Então, muitas pessoas me perguntavam: "Você não pensa em ser padre?". E aquela pergunta começou a fazer sentido pra mim. Assim que comecei os encontros vocacionais, consegui autorização para ser seminarista e iniciei minha formação, ao mesmo tempo em que cursava a faculdade de Jornalismo. Nesse período, a minha maior dificuldade era estar longe dos meus avós e da minha mãe, pois era muito apegado a eles e sentia um verdadeiro martírio por não poder vê-los todos os dias. Mas essa fase foi importante para o meu amadurecimento.

Padre Lúcio Cesquin

O ingresso no seminário

Chegou, então, o dia de dar um grande passo. Um padre muito amigo de minha família morava em Taubaté (interior de São Paulo), onde a faculdade de Teologia era reconhecida, e fui aconselhado por ele a falar com o bispo local a fim de iniciar formação. Segundo o sacerdote, eu era um "intelectual" e precisava de uma formação sólida. Em 2008, comecei o curso de Teologia, desafiando meu medo de estar longe da família, mas guiado pelo desejo ardente de servir a Deus e à Sua Igreja. Obtive notas máximas em meus estudos, fiz Pastoral em uma comunidade que estava ligada a uma rádio, onde também participava ativamente da programação (afinal, meu desejo de ser comunicador nunca foi apagado). O desafio, nesse período, era enorme. Além de ser visto por alguns colegas como uma pessoa de fora, que não deveria estar ali, só Deus sabe o quanto sofria. E o pior ainda estava por vir...

No ano de 2008, quando estava no meio do curso de Teologia, a vida me trouxe uma grande dor que jamais havia experimentado. Meu avô materno, a quem eu via como pai, havia completado 73 anos. Soube pelo telefone que ele estava "estranho" nos últimos dias, mas que havia sido levado ao médico e diagnosticado com labirintite. Contudo, dias depois, ele teve um AVC isquêmico. Era dia 2 de novembro e eu voltei correndo para casa, mesmo com a notícia de que ele estava se recuperando bem. Na manhã seguinte, o médico nos deu a notícia de que ele havia entrado em coma. Meu mundo desabou. Como eu era seminarista, consegui subir à UTI para fazer uma oração, mas eu estava em meio às lágrimas. Rezamos pela sua cura, mas não foi a vontade de Deus. No dia 6 de novembro, tivemos a triste notícia de que ele havia nos deixado.

Nos momentos de dor, é natural que nossa fé fraqueje, e não faltaram pessoas que, em vez de serem solidárias, me diziam: "Mas você não quer ser padre? Por que fica aí sofrendo tanto?". É muito claro que acredito naquilo que professo, mas, como ser humano, também estou sujeito às crises, sobretudo nos momentos de dor. E uma perda dessas realmente abala todos os nossos estados físico, emocional e espiritual. Sou humano e me reconheço fraco e necessitado da misericórdia de Deus. E não há vergonha alguma em confessar isso.

O tempo passou e chegou o momento de voltar ao Seminário, o que foi um imenso desafio perante minha família abalada, minha avó morando sozinha e minha mãe em um possível estado de depressão. Engoli a tristeza e fui adiante, confiando que este era meu caminho e devia prosseguir. Cheio de dores, sem a figura de meu avô, passando por todas as dificuldades em uma cidade que não era a minha, levantei a cabeça e fiz um enorme esforço para seguir adiante em minha vocação. Na faculdade, estudava com afinco e queria ser um grande teólogo, inspirado naquele que considero o maior teólogo dos séculos XX e XXI: Joseph Ratzinger, o Papa Bento XVI.

Mas o corpo cobra tantas atribulações e eu adoeci. O médico diagnosticou uma úlcera e recomendou que eu ficasse um ano em casa, cuidando da saúde física e mental, e ajudando minha família. Conversei com o Bispo Diocesano e, para minha surpresa, antes mesmo da conversa, ele veio me contar que sua irmã estava com úlcera e precisava fazer mudanças radicais no cotidiano. Eu estava com o exame na mão e disse interiormente: "O Senhor preparou o assunto". E falei ao bispo: "Meu caso é semelhante ao que o senhor acabou de me dizer". Abri meu coração, pedi para ficar um ano afastado, sem deixar de me dedicar aos estudos, e ele disse que isso era o melhor a ser feito. Então, voltei a São José do Rio Preto, desempregado, sem saber como pagar meu curso de Teologia e me sustentar.

A entrada na Rede Vida

Foi em abril de 2010. Eu havia raspado o carro que ganhei de herança do meu avô. Sem emprego, pedi a ele que intercedesse por mim, pois não tinha dinheiro para pagar o conserto. E ele intercedeu. Conversando com um amigo da faculdade, ele insistiu para que eu levasse meu currículo à Rede Vida. Mesmo sem muita esperança, resolvi levar. Poucos dias depois, o diretor da emissora me ligou e foi muito acolhedor. Nascia aí o afeto e gratidão que nutro por ele, a quem carinhosamente tenho como padrinho de vida: Luiz Antonio Monteiro de Barros.

Luiz viajou naqueles dias, mas pediu que eu participasse como jornalista do programa Tribuna Independente. A apresentadora faria uma avaliação do meu desempenho e relataria a ele quando voltasse. E assim foi. No mês seguinte, ele me chamou para uma entrevista. Depois de conversarmos, perguntou quanto eu gostaria de receber. Respondi com toda a sinceridade: "Eu preciso ganhar o suficiente para continuar pagando minha faculdade de Teologia, pois não quero parar os estudos e pretendo me formar. Então, um salário mínimo dá para pagar e ainda sobra para as despesas de casa, pois moro com minha mãe". Ele pensou por alguns minutos em silêncio e respondeu: "Gostei! Gostei muito!". Naquele instante, meu coração ficou tão grato a Deus que eu nem sabia como agradecer. Ele me disse para começar na segunda-feira e ainda completou: "Você vai para o vídeo!". Assim, em 10 de maio de 2010, exatos três dias antes da festa de Nossa Senhora de Fátima, fui contratado. Naquela mesma segunda, meu primeiro dia de trabalho, Luiz Antonio me deu a honra de dividir com ele a bancada do JCTV. Hoje, fica tudo muito claro e creio que este seja um dos principais pontos do meu testemunho de fé sentindo a presença de Nossa Senhora: três dias antes da festa de Nossa Mãe, a Rede Vida, que é consagrada a Nossa Senhora de Fátima, me contratou e começou a realizar meu grande sonho. Estava trabalhando na área de minha formação e em uma emissora consagrada à Mãe de Jesus.

Enfim, padre!

O meu primeiro passo oficial dentro da Igreja foi rumo ao diaconato. Um diácono nada mais é do que um ministro sagrado da Igreja. Existem três graus do Sacramento da Ordem: diaconato, presbiterado e episcopado. Ou seja, diáconos, padres e bispos. Cada um com seu ministério, sendo todos igualmente importantes. No começo do Cristianismo, não havia padres. Havia os Apóstolos, que são os bispos. Eles escolheram pessoas de boa índole e caráter para auxiliá-los. O primeiro foi Santo Estêvão. O diácono, portanto, é aquele que serve na liturgia, na pregação da Palavra e na caridade. Ele não ouve confissões, não consagra a Eucaristia nem unge os enfermos. Mas assiste os matrimônios presidindo a celebração, batiza, dá a bênção, fala e age em nome e autoridade da Igreja. Uma bênção de um diácono é uma bênção oficial em nome da Igreja.

O diácono, assim como o padre e o bispo, forma o clero. Mas, ao contrário deles, pode ser casado se assim desejar. No meu caso, escolhi ser solteiro durante os meus anos de diaconato. O motivo é simples: caso formasse uma família, não estaria completamente disponível para a Igreja, e eu quero doar minha vida a Deus e à Igreja. E que servo abençoado eu sou! Na minha Ordenação no Diaconato, em 14 de outubro de 2012, fui agraciado com mais um milagre de Nossa Mãe. Os organizadores improvisaram uma estola na hora, pois eu estava sem. Posteriormente, quando assisti à gravação, notei que, na parte de trás da estola, estava Nossa Senhora de Fátima, como que me protegendo pelas costas. Sou místico e enxergo muito a presença da Santíssima Virgem Maria em minha vida. Por isso, faço questão de deixar meu testemunho e partilhar com o mundo a fé na Mãe Santíssima. Para que, assim como eu, você possa crer e receber os milagres que tanto necessita.

Segui meu caminho religioso e, em cada passo, via e ainda vejo que meu chamado é profundo. Dessa forma, quero continuar respondendo com generosidade. E assim o fiz. A Igreja me convidou para que eu continuasse minha missão e passasse a servir como sacerdote. Então, fiz minhas as palavras de Nossa Senhora: "Eis aqui o servo do Senhor". E, dessa forma, em 2019, ano em que fui presenteado com a possibilidade de publicar este livro, também recebi a bênção de ser ordenado padre.

Um sonho realizado
Em toda a minha vida apresentando O Santo Terço, imaginava como seria emocionante e especial ir à cidade de Fátima, em Portugal. Estar aos pés de Nossa Senhora, no local onde ela apareceu aos Três Pastorinhos, seria um imenso ato de reconhecimento e veneração à Santa Mãe de Deus. E foi dessa forma que fui presenteado com mais uma graça.

Padre Lúcio Cesquin

A igreja reconheceu 2017 como o "Ano Mariano". Isso porque, ao mesmo tempo em que se completaram trezentos anos da aparição da Virgem Maria no Rio Paraíba do Sul, no interior de São Paulo, também celebramos os exatos cem anos das aparições de Nossa Senhora em Fátima, Portugal. Tratava-se, portanto, de um ano especial e todo dedicado à Mãe de Jesus. Por volta do mês de março, uma agência de turismo que havia feito uma parceria com a Rede Vida me convidou, por indicação de um diretor da emissora, para ser guia espiritual de uma peregrinação a Fátima. Era minha grande chance de realizar o sonho de agradecer Nossa Senhora de Fátima por tudo o que ela faz por mim e por cada telespectador. Mas a graça de Deus reservava uma surpresa ainda maior: minha mãe nunca tinha saído do país e sonhava com essa viagem. Quando a funcionária da agência me perguntou quanto eu cobraria, sugeri que o pagamento fosse a passagem de minha mãe. E assim ocorreu. Com trabalho, fé e persistência, fechamos um grupo maravilhoso que topou fazer a peregrinação a Fátima conosco, ao mesmo tempo em que eu realizava meu sonho e de minha mãe.

A viagem começou. Como foi emocionante conhecer pessoalmente dezenas de pessoas que me assistem e rezam comigo pela TV. E mais emocionante ainda foi ver o rosto da minha mãe ao chegarmos ao nosso destino. Uma mistura de alegria com admiração, entusiasmo e gratidão, além de

Maria em nossa vida

muita felicidade por fazer sua primeira viagem com o filho mais velho dela.

Após conhecer as partes turísticas de Portugal, chegava o grande momento: ir a Fátima agradecer por tudo o que Nossa Senhora faz por nós. Assim que chegamos ao local, conhecemos a casa em que os Três Pastorinhos viveram. Quanta simplicidade e, ao mesmo tempo, que tamanha grandiosidade! Era possível perceber a pureza das crianças e o amor que devia morar naquele lar. Em seguida, conhecemos Valinhos, local onde o Anjo apareceu às crianças e transmitiu as mensagens. Meu coração estava repleto de alegria e gratidão. Ao chegarmos ao local onde há uma escultura retratando este episódio, coloquei-me de joelhos e rezei. Agradeci por tudo o que Nossa Senhora tem feito em minha vida e na de milhões de pessoas que assistem ao programa O Santo Terço. Pedi por algumas intenções que me recomendaram em particular e por todo o trabalho realizado na RedeVida que, por Providência, é consagrada justamente a Nossa Senhora de Fátima. Também rezei pelos meus avós que estão no Céu e implorei a misericórdia de Deus, pois sou um pobre pecador, necessitado do coração amável de Nosso Senhor.

Mais tarde, foi a vez de irmos ao Santuário de Fátima. Ali, confesso que meu espírito estava tão exultante que não contive as lágrimas ao entrar e rezar diante da imagem de Nosso Senhor e Sua Mãe. A experiência é muito rica em detalhes

Padre Lúcio Cesquin

e penso que as palavras seriam insuficientes para descrevê-la. Mas estar no Santuário da Mãe, minha Protetora, era algo que não cabia no peito. Muitas vezes, apenas me via com o pensamento longe, tentando buscar uma forma de expressar a Deus tamanha gratidão. Lá de Fátima, gravamos um programa especial, visitamos os locais sagrados e rezamos, ofertando rosas de amor à Santa Virgem. Mas algo incrível ainda estava para acontecer.

Ao anoitecer, a coordenadora da viagem me disse que iríamos participar da Procissão das Velas ("igual a todos os fiéis", pensei). Mas eis que fui levado à Sacristia para me paramentar junto com outros clérigos. Assim o fiz, sem entender o porquê. Até que uma irmã se dirigiu a mim e disse: "Você vai rezar as cinco primeiras Ave-Marias do terço em português". Eu não imaginava tamanha honra! Pouco tempo depois, fui informado de que rezaria o Primeiro Mistério inteiro, pois o outro brasileiro com quem eu dividiria essa parte havia tido um imprevisto. Não consigo explicar tamanha emoção em abrir o santo terço a Nossa Senhora e rezar toda a primeira parte. Percebi que Nossa Senhora estava me dando um presente enorme: ter a honra de saudá-la, exatamente como faço na TV. As "respostas" das orações eram feitas na língua de cada fiel, e milhares de vozes eram ouvidas ao mesmo tempo.

Terminado o Terço, iniciou-se a Procissão das Velas, um dos momentos mais belos que vivi em Portugal e onde recebi outra graça. Fui escolhido para puxar a fila da procissão. Eu, à época um simples diácono, pecador como qualquer ser humano, recebia duas vezes algo que humanamente não estava planejado: iniciar o Santo Terço, rezar o Mistério todo e ainda puxar a fila de milhares de peregrinos. E soube depois, pela coordenadora da viagem, que naquele mesmo dia ela tinha ido confirmar a minha participação para rezar, pois estava agendado há meses, mas a equipe do Santuário não achava meu nome, de modo que eu, provavelmente, não participaria da recitação da oração. Mas Deus e nossa Mãe me concederam todas essas graças, superando a visão do provável, do planejado, do humano, e colocando-me ali ao lado de nossa doce Senhora.

De volta ao Brasil, em um encontro com meu padrinho Luiz Antonio, pude contar tudo o que aconteceu. Nos emocionamos juntos, nos abraçamos e choramos de alegria. Eram sentimentos de gratidão, felicidade, surpresa, tudo ao mesmo tempo. Mais uma vez, Nossa Senhora agiu, e este testemunho que dei a ele representou meu propósito pessoal de publicá-lo, neste primeiro livro que escrevo, para que Nossa Senhora de Fátima tenha esse fato registrado como agradecimento especial a ela por tudo o que tem feito em minha vida — e que pode fazer pela sua também.

CAPÍTULO 3

Nossa Senhora de Fátima

Estar na cidade Fátima, em Portugal, além de ser a realização de um sonho, foi uma oportunidade única em minha vida, e eu pude fazer minhas reflexões sobre a figura de Nossa Senhora de Fátima, de quem sou devoto de alma e de coração.

Assim como alcancei graças por meio da fé em nossa Virgem Santíssima, você também pode. Por isso, decidi dedicar um capítulo inteiro de meu livro à história dessa face da Virgem Maria, que também é chamada de Nossa Senhora do Rosário ou, ainda, Nossa Senhora do Rosário de Fátima, o nome pelo qual a Virgem Maria, mãe de Deus, apresentou-se aos Três Pastorinhos há mais de um século com o pedido da oração do rosário.

Padre Lúcio Cesquin

A iluminada revelação

O ano era 1917. O mundo todo se abalava com a Primeira Grande Guerra. Diante disso, no dia 5 de maio, Papa Bento XV pediu a todos os católicos, de todos os países, que fizessem suas orações pela paz mundial, suplicando a intercessão de Nossa Senhora. Oito dias depois, em 13 de maio, a Virgem Santíssima surpreendeu a humanidade aparecendo em Fátima, cidade portuguesa, para Três Pastorinhos: Lúcia (10 anos) e seus primos, os irmãos Francisco (9 anos) e Jacinta (7 anos).

Como era costume, as crianças estavam reunidas para rezar o terço. Assim que terminaram, ouviram um forte trovão e um raio de luz cortando o céu. Em uma nuvem branca, uma figura foi descendo e tomando forma de mulher. Foi quando Jacinta lhe perguntou: "O que a Senhora está fazendo em cima da árvore?". Lúcia e Francisco também indagaram: "Quem é a Senhora?". Ela, então, respondeu: "Eu vim do Céu. Sou a Senhora do Rosário. Trouxe a mensagem da paz! Jesus está muito triste porque os homens não querem aceitar o seu Evangelho. Vim para dizer que é preciso fazer penitência e sacrifício por causa dos pecados do mundo!". Em seguida, a Virgem disse que não sofreriam mal algum e pediu que voltassem ali todo dia 13. E assim elas fizeram e, por mais cinco vezes, receberam a visita da Santa.

Em sua segunda aparição, ocorrida em 13 de junho na presença de cinquenta pessoas na Cova da Iria, os Pastorinhos viram de novo o reflexo de luz. Mais uma vez, eles foram aconselhados a rezar o terço todos os dias, aprender a ler e voltar no dia 13 do mês seguinte. Chegado esse momento, Lúcia disse aos primos que não iria. Chorando, eles rezaram, pedindo pela companhia da prima mais velha, que sentiu uma força empurrando-a até o local. Lá, diante de duas mil pessoas, a Virgem fez sua terceira aparição, revelando os três segredos aos Pastorinhos. Pouco tempo depois, eles foram sequestrados e mantidos sob a vigilância do Administrador de Ourém, que insistia em saber quais eram os segredos. Por conta disso, a quarta aparição aconteceu no dia 15 de agosto, quando as crianças foram libertas. Dessa vez, Nossa Senhora foi até elas em Valinhos, onde estavam pastoreando, e novamente reforçou seu pedido pela reza do terço diário. A história se espalhou e, em 13 de setembro, entre quinze e vinte mil pessoas assistiram à aparição de Nossa Senhora na Cova da Iria, pedindo que os pequenos levassem a ela suas preces. Assim, no mês seguinte, já eram setenta mil pessoas aguardando a aparição. Lúcia pediu que rezassem o terço e, pouco depois, houve o reflexo de luz e Nossa Senhora surgiu, dizendo: "Quero dizer-te que façam aqui uma capela em minha honra, que sou a Senhora do Rosário, que continuem sempre a rezar o terço todos os dias. A guerra vai acabar e os militares voltarão em breve para suas casas". Anos depois (em 1925, 1926 e 1927), a Virgem de Fátima reapareceu por mais três vezes a Lúcia, que nessa época já era uma religiosa. Nessas aparições, ela pediu: a devoção dos primeiros sábados de cada mês durante cinco meses para que meditassem os mistérios do Rosário; a reza diária do santo terço; e que confessassem e recebessem a Sagrada Comunhão em reparação aos pecados cometidos contra o Imaculado Coração de Maria.

Mistérios da fé

Nossa Senhora confiou três segredos aos Pastorinhos. Dois deles foram revelados por Lúcia em 1941. O primeiro segredo descrevia o inferno como um mar de fogo para onde iriam os pecadores, cuja única salvação possível é a oração. O segundo segredo era um alerta para uma nova Guerra Mundial (que ocorreu em 1939), que ia contra os princípios divinos do amor, da paz e da solidariedade. O último segredo foi registrado por Lúcia em 1944, mas só foi revelado em 2000 com a autorização do Papa João Paulo II. A visão das crianças simbolizava o atentado que o pontífice sofreu no dia 13 de maio de 1981, na Praça São Pedro (em Roma, na Itália), quando, ao se abaixar para abraçar uma menina que segurava um retrato de Nossa Senhora de Fátima, foi atingido por uma bala no abdômen. João Paulo II creditou a Nossa Senhora de Fátima o milagre de salvar sua vida. Os três segredos estão registrados em documentos escritos pela própria Lúcia, cujos trechos você pode ler a seguir.

Primeiro mistério: a visão do inferno

"Nossa Senhora mostrou-nos um grande mar de fogo que parecia estar debaixo da terra. Mergulhados neste fogo estavam os demônios e as almas (...) que flutuavam no incêndio levadas pelas chamas (...) entre gritos e gemidos de dor e desespero que horrorizava e fazia estremecer de pavor. Os demônios distinguiam-se por formas horríveis e asquerosas de animais espantosos e desconhecidos (...) e graças à nossa boa Mãe do Céu, que antes nos tinha prevenido com a promessa de nos levar para o Céu (na primeira aparição)! Se assim não fosse, creio que teríamos morrido de susto e pavor."

Segundo mistério: a guerra, a devoção ao Imaculado Coração de Maria e a conversão da Rússia

"Em seguida, (...) Nossa Senhora que nos disse com bondade e tristeza: 'vistes o inferno, para onde vão as almas dos pobres pecadores. Para as salvar, Deus quer estabelecer no mundo a devoção a meu Imaculado Coração. (...) A guerra vai acabar, mas se não deixarem de ofender a Deus, no reinado de Pio XI começará outra pior. (...) Para a impedir, virei pedir a consagração da Rússia a meu Imaculado Coração e a Comunhão Reparadora nos Primeiros Sábados. Se atenderem a meus pedidos, a Rússia se converterá e terão paz (...) O Santo Padre consagrar-me-á à Rússia, que se converterá, e será concedido ao mundo algum tempo de paz."

Padre Lúcio Cesquin

Terceiro mistério: a previsão do atentado ao Papa
"Escrevo, em ato de obediência a vós, meu Deus, que me mandais por meio de Sua Excelência Reverendíssima o Sr. Bispo de Leiria, e da vossa e minha Santíssima Mãe. Depois das duas partes que já expus, vimos ao lado esquerdo de Nossa Senhora, um pouco mais alto, um anjo com uma espada de fogo na mão esquerda. Ao cintilar despedia chamas que pareciam incendiar o mundo. Mas apagavam-se com o contato do brilho que da mão direita expedia Nossa Senhora ao seu encontro. O anjo, apontando com a mão direita para a terra, com voz forte dizia: 'Penitência, penitência, penitência'. E vimos numa luz imensa, que é Deus, algo semelhante a como se veem as pessoas no espelho, quando lhe diante passa um bispo vestido de branco. Tivemos o pressentimento de que era o Santo Padre. Vimos vários outros bispos, sacerdotes e religiosos subirem em uma escabrosa montanha, no cimo da qual estava uma grande cruz, de tronco tosco, como se fora de sobreiro como a casca. O Santo Padre, antes de chegar aí, atravessou uma grande cidade, meia em ruínas e meio trêmulo, com andar vacilante, acabrunhado de dor e pena. Ia orando pelas almas dos cadáveres que encontrava pelo caminho. Chegando ao cimo do monte, prostrado, de joelhos, aos pés da cruz, foi morto por um grupo de soldados que lhe disparavam vários tiros e setas e, assim mesmo, foram morrendo uns após os outros, os bispos, os sacerdotes, os religiosos, as religiosas e

várias pessoas seculares. Cavalheiros e senhoras de várias classes e posições. Sob os dois braços da cruz, estavam dois anjos. Cada um com um regador de cristal nas mãos recolhendo neles o sangue dos mártires e com eles irrigando as almas que se aproximavam de Deus."

CAPÍTULO 4

O santo terço

Como falar das bênçãos que a Virgem Maria — em especial pela representação de Nossa Senhora de Fátima — é capaz de nos conceder sem falar da oração do terço? Logo eu, que tenho como milagre em minha vida um programa com esse nome. Mas a minha relação com esse tipo de prece começou muito antes da minha profissão.

Desde o final de minha adolescência, aprendi que devemos rezar o terço. Eu ligava a TV justamente na Rede Vida às seis horas da tarde para acompanhar a oração. Lembro-me da voz do locutor que dizia: "Todos aqueles que se dedicam à Pastoral das Famílias devem propagar a recitação do Rosário, pois família que reza unida permanece unida". Naquela época, o programa era gravado no Santuário da Vida, em São José do

Padre Lúcio Cesquin

Rio Preto, onde eu, ainda namorando, cheguei a participar das gravações. Todos se sentavam e uma pessoa ficava em pé para iniciar a oração, revezando com outros fiéis a cada mistério.

O tempo passou e, como contei no segundo capítulo, fui agraciado com a contratação como jornalista na Rede Vida de Televisão, onde apresentava o telejornal JCTV, atração que até hoje vai ao ar logo após O Santo Terço. Depois desse primeiro passo, em 3 de fevereiro de 2014, comecei a comandar o programa, onde ainda estou, e se iniciou um caminho de amor mútuo entre Nossa Senhora de Fátima e eu. Apesar das dificuldades iniciais, em algumas semanas a Virgem nos deu um presente maravilhoso: os índices de audiência do Programa ficaram muito elevados e acalmaram meu coração. Vi que as pessoas estavam rezando e isso só poderia ser um presente da Mãe. Com a graça de Deus, continuo fazendo meu trabalho com todo o amor. Mesmo a oração sendo a mesma, a cada oração proferida, a cada Ave-Maria pronunciada e a cada Pai-Nosso clamado, há sempre uma nova esperança de um filho de Deus que acredita estar em contato com a Mãe de Jesus naquele momento sagrado.

O poder da Ave-Maria

Ao rezarmos o Terço, proferimos a Ave-Maria 53 vezes. Mas você sabe o que está por trás de cada verso dessa oração tão poderosa? Vamos analisar juntos?

Maria em nossa vida

"Ave-Maria, cheia de graça. O Senhor é convosco."

"Ave" é uma saudação. O Arcanjo Gabriel chama a Virgem pelo nome quando diz: "Ave, cheia de graça". Reparemos que essa expressão do anjo, o próprio mensageiro enviado por Deus, já explica quem é Maria: é aquela cheia de graça, ou seja, aquela em quem a graça de Deus, Nosso Pai, é plena e abundante.

O Arcanjo continua: "O Senhor é contigo". Se o Senhor está em Maria, ela só pode ser pura, imaculada. Vemos que mesmo aqueles que tentam usar a Sagrada Escritura para desmerecer Nossa Senhora se contradizem ao se defrontarem com uma interpretação, mesmo que simples, sobre a real saudação de São Gabriel.

"Bendita sois Vós entre as mulheres. E bendito é
o fruto do vosso ventre, Jesus."

Esta é mais uma expressão da Bíblia Sagrada, e aqui temos uma afirmação de grande profundidade para defender a especialidade que a Virgem Maria tem entre as demais criaturas de Deus.

Quem diz que Maria é bendita entre todas as mulheres? É o Espírito Santo, através da boca de Santa Isabel. Isso está escrito claramente em São Lucas (1:39-45):

Padre Lúcio Cesquin

> "Naqueles dias, Maria se levantou e foi às pressas às montanhas, a uma cidade de Judá. Entrou em casa de Zacarias e saudou Isabel. Ora, apenas Isabel ouviu a saudação de Maria, a criança estremeceu no seu seio; e Isabel ficou cheia do Espírito Santo. E exclamou em alta voz: 'Bendita és tu entre as mulheres e bendito é o fruto do teu ventre. Donde me vem esta honra de vir a mim a mãe de meu Senhor? Pois assim que a voz de tua saudação chegou aos meus ouvidos, a criança estremeceu de alegria no meu seio. Bem-aventurada és tu que creste, pois se hão de cumprir as coisas que da parte do Senhor te foram ditas!.'"

Ora, se Santa Isabel falou, de acordo com a Bíblia, cheia do Espírito Santo, é o próprio Deus quem diz que Maria é bendita entre todas as mulheres e bendito é o fruto de seu ventre, Jesus. Quem somos nós para negar o que o Espírito Santo disse?

> "Santa Maria, Mãe de Deus, rogai por nós, pecadores, agora e na hora de nossa morte. Amém."

Aqui, reconhecemos Maria como a Mãe de nosso Senhor e cremos que ela advoga a nosso favor. Por isso, pedimos que ela interceda por nós agora e também na hora da passagem do cristão para que ele encontre o Céu. Para encerrar, dizemos

"Amém", uma palavra hebraica usada como manifestação de fé que significa "assim seja". Quando dizemos "amém", nós nos entregamos ao coração de Maria, aceitando sua intercessão e proteção. E assim, confiamos a nossa vida, concordando com tudo o que a força dos Céus pode nos conceder.

O poder do Pai-Nosso

Em sua passagem pela Terra, Jesus nos deixou o Pai-Nosso. Com essa oração, aprendemos a falar com Deus, reforçamos a nossa fé e pedimos perdão pelos atos. Vamos compreendê-la melhor?

"Pai Nosso."

O início desta oração faz uma evocação a Deus. Este chamamento ao Pai acrescentando o "nosso" simboliza que Ele é Pai de todos nós, desconsiderando as diferenças culturais, raça, idioma ou condição socioeconômica — todos somos iguais para Ele. Assim, aprendemos o ensinamento da união de todos os cristãos. Com isso, a oração que liga o Céu e a Terra também iguala todos os homens como filhos do mesmo Pai.

"Que estais no Céu."

A segunda frase menciona o local simbólico onde está Nosso Senhor, criador do Universo e de todos os seres que o habitam.

Padre Lúcio Cesquin

De lá, Ele olha por nós e respeita nossas escolhas. O Céu não é um lugar físico: é algo além de nossa compreensão. Mas, ao invocarmos o nome do Senhor e seguirmos os seus preceitos, de lá Ele vem em nosso auxílio.

"Santificado seja o Vosso nome."

Essa frase é semelhante ao terceiro mandamento: "Não tomar Seu Santo nome em vão". Vamos comparar com o nosso dia a dia. Se alguém ofende um dos nossos, logo saímos em sua defesa, não é mesmo? Assim deve ser nossa relação com o nome do Pai. Devemos respeitá-lo, honrá-lo e levá-lo a todos os cantos.

"Venha a nós o Vosso Reino."

Quando seguimos os ensinamentos de Cristo, transformamos o nosso mundo no Reino de Deus, que é sinônimo de paz e justiça. É por isso que devemos estar sempre comprometidos em viver em harmonia com o nosso próximo, não lhe fazer o que não desejamos que seja feito conosco... Dessa forma, estaremos cada vez mais próximos do Reino Sagrado de Deus

"Seja feita a Vossa vontade, assim na Terra como no Céu."

Já ouviu dizer que devemos aceitar e agradecer tudo o que

nos acontece? É a mais pura verdade. Nem sempre sabemos o significado dos caminhos que nossas vidas tomam, mas temos que confiar que Deus sabe o que é melhor para nós. Dessa forma, unidos a Jesus, devemos acreditar nisso e aceitar que a Sua vontade prevalece e sempre deve ser respeitada.

"O pão nosso de cada dia nos dai hoje."

Iniciamos a segunda parte da oração com um pedido especial para que nunca falte o alimento. Mas que alimento é esse? Ao contrário do que muitos pensam, ele vai além das refeições que nutrem a carne — não desmerecendo sua importância, afinal, precisamos nos alimentar para ter saúde e viver bem. Mas o "pão" também é o Pão Vivo descido dos Céus. É a palavra de Deus que nos alimenta de fé, nos traz paz de espírito e nos dá força para seguirmos em nossa caminhada.

"Perdoai-nos as nossas ofensas, assim como
nós perdoamos a quem nos tem ofendido."

Todos somos pecadores desde que nascemos, manchados pelo pecado original. E nada mais puro e sincero para alcançar o perdão de Deus do que perdoando o nosso irmão. Como o próprio Jesus disse na passagem bíblica sobre o julgamento da mulher adúltera, "Aquele que dentre vós está sem pecado, seja o primeiro que lhe atire uma pedra" (João 8:1-11). Eu te pergunto: quem somos nós para julgar as atitudes do próximo? Se quisermos também ser perdoados para alcançar o Reino dos Céus, devemos primeiro perdoar quem erra conosco, limpando nosso coração de toda mágoa.

> "Não nos deixeis cair em tentação,
> mas livrai-nos do mal. Amém."

Em seu trecho final, a oração faz uma súplica de proteção contra o inimigo. É um pedido especial para que Nosso Senhor crie em nós um escudo contra o mal. E não é só o mal que o outro pode nos fazer. Aqui também nos referimos àquele que fazemos a nós mesmos; às tentações mundanas que nos afastam do caminho do bem e dos ensinamentos de Jesus. E, quando dizemos "amém", estamos indicando uma forma positiva de entrega ao Senhor, estamos confiando Nele e concordando com fé.

Os Mistérios

Algumas pessoas podem achar que rezar o terço é repetitivo. Garanto que não é! O Santo Terço é contemplativo, exige meditação e concentração. No sentido espiritual, é uma verdadeira batalha contra o mal. Se eu fosse usar uma imagem ilustrativa, seria como se Nossa Senhora estivesse à nossa frente segurando o terço sorrindo e se alegrando com nossa saudação e invocação a ela. "Rezem o terço todos os dias", foi o pedido feito por Nossa Senhora em sua primeira aparição em Fátima. "Quando rezais o terço, dizei depois de cada mistério: 'Ó meu Jesus, perdoai-nos e livrai-nos do fogo do inferno. Levai as almas todas para o Céu, principalmente as que mais precisarem'", recomendou a Virgem de Fátima.

Mistérios gozosos (para rezar às segundas-feiras e aos sábados)

1.º Mistério: A anunciação do anjo a Nossa Senhora (Lc 1:26-38).

2º Mistério: A visitação de Nossa Senhora a Santa Isabel (Lc 1:39-56).

3º Mistério: O nascimento de Jesus em Belém. (Lc 2:1-21).

4º Mistério: A apresentação do Menino Jesus no Templo (Lc 2:22-40).

5º Mistério: O encontro do Menino Jesus no Templo, entre os doutores (Lc 2:41-52).

Mistérios dolorosos (para rezar às terças e às sextas-feiras)

1.º Mistério: Oração e agonia de Jesus no Jardim das Oliveiras (Mt 26:36-46).

2º Mistério: A flagelação de Nosso Senhor Jesus Cristo (Mt 27:24-26).

3º Mistério: A coroação de espinhos (Mt 27:27-31).

4º Mistério: Jesus a caminho do calvário e o encontro com sua mãe (Lc 23:26-32).

5º Mistério: A crucificação e morte de Jesus (Jo 19:17-30).

Mistérios gloriosos (para rezar às quartas-feiras e aos domingos)

1.º Mistério: A ressurreição de Jesus Cristo (Mt 28:1-10).

2º Mistério: A ascensão de Jesus ao Céu (At 1:6-11).

3º Mistério: A descida do Espírito Santo sobre Nossa Senhora e os apóstolos, reunidos no Cenáculo (At 1:12-14 e 2:1-4).

4º Mistério: A assunção de Nossa Senhora ao céu em corpo e alma (1 Cor 15:12-23).

5º Mistério: A coroação de Nossa Senhora, como rainha do céu e da Terra (Ap 12:1-17).

Mistérios luminosos (para rezar às quintas-feiras)

1.º Mistério: O batismo de Jesus no rio Jordão (Mt 3:13-17).

2º Mistério: A revelação de Jesus nas bodas de Caná (Jo 2:1-11).

3º Mistério: O anúncio do Reino de Deus. Um convite à conversão (Mt 4:12-17-23).

4º Mistério: A transfiguração de Jesus no Monte Tabor (Lc 9:28-36).

5º Mistério: A última Ceia de Jesus com os apóstolos e a instituição da Eucaristia (Lc 22:14-20).

CAPÍTULO 5

Maria em sua vida

O que é virtude? Em bom português, essa palavra representa "a qualidade do que está em conformidade com o que é considerado correto e desejável; em conformidade com o bem, com a excelência moral ou de conduta"[1]. Então, se eu te perguntasse se você é uma pessoa virtuosa, você me diria que sim? Para ajudar você a responder, o Catecismo da Igreja Católica diz que "a virtude é uma disposição habitual e firme para fazer o bem. Permite à pessoa não só praticar atos bons, mas dar o melhor de si. Com todas as suas forças sensíveis e espirituais, a pessoa virtuosa tende ao bem, persegue-o e escolhe-o na prática"[2]. Essas são as consideradas virtudes naturais,

---

1. Dicionário Houaiss
2. N. 1803

que são aquelas que você desenvolve e pratica ao longo de sua vida. Por exemplo: dizer sempre a verdade, não julgar as pessoas, amar o próximo etc. Se ainda assim você tiver dúvidas, eu digo a você que, segundo a mesma Igreja, quando alguém é batizado passa a carregar as virtudes divinas da caridade, da esperança e da fé. Essas são as chamadas virtudes sobrenaturais, ou seja, são os dons que Deus nos dá ao nascermos.

Sabe por que expliquei essas definições? Para apresentar a você à mais virtuosa das almas. Para dizer que não há nem nunca houve neste mundo alguém tão ou mais virtuoso que Maria de Nazaré.

> "Ora bem, Maria praticou de maneira admirável todas as virtudes convenientes à sua condição. Convenientes, disse, porque é claro que nem todas as virtudes são praticáveis por todos. Com efeito, a virtude, que em si mesma significa perfeição, porque é o hábito de operar o bem, nem sempre supõe perfeita a pessoa que a possui. Assim, há virtudes que tendem a liberar o homem do pecado ou das consequências deste, virtudes que somente podem aflorar numa consciência antes maculada pela iniquidade. Claro está que tais virtudes não se poderiam encontrar nem em Jesus nem em Maria. Por exemplo, não diremos que Ela tenha praticado a penitência, pois sempre foi inocente, nem as outras virtudes pelas quais o

Maria em nossa vida

homem domina suas paixões, porque essas lutas interiores nunca perturbaram a serena e tranquila liberdade de espírito da Mãe de Deus. Exceção feita dessas virtudes, a Virgem Santíssima praticou todas as demais, de maneira extraordinária. Infelizmente, pouco conhecemos da vida de Maria para podermos nos deliciar na contemplação detalhada de todos os atos virtuosos por Ela praticados. Todavia, as breves notícias que temos a respeito nos Evangelhos podem nos dar pelo menos uma ideia de suas exímias virtudes."[3]

Nossa Igreja classifica em dez as virtudes de Nossa Senhora: Doçura Angélica; Fé Viva; Humildade Profunda; Mãe do Supremo Amor; Mortificação Universal; Obediência Perfeita; Oração Contínua; Paciência Heroica; Pureza Divina; e Sabedoria Divina. Todas essas qualidades podem — e devem — ser imitadas por cada um de nós. Devemos ter Maria como exemplo e nos esforçar, dia após dia, para andarmos naturalmente nesse caminho de princípios. Por isso, nas próximas páginas, trago uma explicação sobre o que significa cada uma dessas virtudes marianas, e o principal: como podemos praticá-la em nosso dia a dia, trazendo Nossa Senhora para nossas vidas.

---
3. Pequeno Ofício da Imaculada Conceição Comentado, de João Scognamiglio Clá Dias

Padre Lúcio Cesquin

Doçura Angélica

"Ó, doce sempre Virgem Maria!", já nos ensina a oração Salve, Rainha. Rainha da Terra e dos Céus, que com pureza pede aos Santos Anjos que nos guardem, protejam e guiem em nossos caminhos.

Maria em sua vida: ser doce não significa ser passivo, mas saber se posicionar com calma, sem ofender o outro, sem levantar a voz. Doçura traz paz, deixa o ambiente tranquilo e estimula o próximo a ser doce também. Como Maria, seja leve em suas relações e compartilhe a paz do Senhor com o seu irmão.

Fé Viva

A crença de Maria em Nosso Senhor é inquestionável. Ela, mesmo sem entender, acreditou no Anjo Gabriel e seguiu os planos de Deus para si. Ela, mesmo sem entender, acreditou que todo o sofrimento de Seu Filho a caminho da cruz era necessário para um bem maior. Foi a fé viva de Nossa Senhora que permitiu a vinda de Jesus à Terra para salvar toda a humanidade. Foi a fé viva de Nossa Senhora que permitiu que se cumprissem as Escrituras. "E bem-aventurada tu, que creste, porque se cumprirão as coisas que da parte do Senhor te foram ditas" (Lucas 1:45).

Maria em sua vida: quantas vezes você duvidou do poder de Deus e questionou: "por que eu?"; "por que comigo?". Agora, eu pergunto: onde está a sua fé? É preciso se manter firme nas palavras divinas, mesmo — e principalmente — diante das adversidades. Pois o Senhor nos disse: "(...)Eu asseguro que, se vocês tiverem fé do tamanho de um grão de mostarda, poderão dizer a este monte: 'Vá daqui para lá', e ele irá. Nada será impossível para vocês" (Mateus 17:20).

Humildade Profunda
Maria nunca pediu nada a ela mesma. Seus pedidos sempre foram e sempre são como intercessora a Deus. Ela nunca se considerou importante por ser a Mãe do Salvador e, mesmo com essa missão tão sublime, manteve-se serva de Nosso Senhor. Tudo o que ela fazia, fazia sem publicidade — não lhe interessava a fama, mas ajudar o próximo.

Maria em sua vida: não é errado reconhecermos as nossas qualidades. Apenas não devemos permitir que isso seja prioridade, que esteja acima dos nossos atos. O ego pode se tornar inimigo e prejudicar tanto a nós quanto às pessoas ao redor. Ele é causa de desavenças, de sentimentos ruins... Por isso, em tudo o que fizer, seja humilde, como foi Nossa Santa Mãe.

Mãe do Supremo Amor
O primeiro mandamento nos diz: "Amai a Deus sobre todas as coisas". E assim Maria o fez. Seu amor era incondicional a Nosso Senhor, a seus familiares e a todas as criaturas. Ela

colocava amor em todos os seus gestos e, assim, o espalhava entre os seus.

Maria em sua vida: Jesus disse: "Eu vos dou um novo mandamento: amai-vos uns aos outros. Como eu vos amei, assim também vós deveis amar-vos uns aos outros" (João 13:34). O amor cura, salva, constrói, perdoa, alimenta... O amor dá vida a todos os verbos de bem, e é dele que devemos viver. Amando a Deus, à Nossa Senhora e a todos os nossos irmãos.

Mortificação Universal

Ao contrário do que a primeira impressão dessa palavra aparenta, ela não significa morte, mas vida. Porém, uma vida marcada por grandes sofrimentos em todos os aspectos. "Ó vós todos que passais pelo caminho, parai e vede se há dor semelhante à minha dor" (Lamentações 1:12). Como uma fortaleza, ela aceitou os planos de Deus para Seu Filho e, junto com Ele, carregou a cruz até o calvário. Suportou todas as provações sem reclamar e sem desanimar. Foi firme até o fim, quando foi levada para o lado de Nosso Senhor.

Maria em sua vida: você já ouviu falar que a palavra tem poder e que tudo o que você fala você atrai? Então, por que reclamar de seus problemas? Por que maldizer as contrariedades? Claro que não é fácil aguentar tudo calado, e nem é isso que estou pedindo. Fale, sim! Mas fale com a Virgem Maria. Peça que ela carregue você no colo e sare suas feridas. Assim, seu sofrimento não ficará tão difícil de carregar. E, quando menos esperar, a solução estará à sua frente.

Obediência Perfeita

Não há melhor exemplo dessa virtude do que a aceitação de Maria, sem questionar, ao chamado do Anjo Gabriel. Ela recebeu uma criança em seu ventre confiando que seria pelo bem de todos os povos e nunca se perguntou o porquê de ter sido a escolhida. Ela disse "sim" por livre e espontânea vontade, apenas aceitou e fez disso sua maior missão neste mundo.

Maria em sua vida: sigamos o exemplo de Nossa Senhora, que ao Arcanjo respondeu: "Eis aqui a serva do Senhor. Faça-se em mim segundo a Tua palavra" (Lucas 1:38). Que possamos, de coração aberto, aceitar os ensinamentos e os desígnios de Nosso Pai livremente. Que, subordinados ao Seu amor, possamos entender a Verdade e levá-la a todos os lugares. Que cada "amém" proferido seja sincero e puro como a Imaculada Conceição, e nos coloque à disposição de Deus.

Oração Contínua

Maria de Nazaré viveu em todo o seu tempo orando, agradecendo e louvando a Deus. Em silêncio, seus pensamentos e sentimentos eram voltados aos Céus. Na Bíblia, temos exemplos da prece contínua de Nossa Senhora, como no Magnificat (Lucas 1:39-56) e nas Bodas de Caná (João 2:1-11).

Padre Lúcio Cesquin

Maria em sua vida: é importante que você, diariamente, encontre um tempo para conversar com Deus. Se você conseguir ficar em retiro para meditar Suas palavras, melhor ainda. E não é preciso palavras rebuscadas, não. Fale com o seu coração e o Senhor o ouvirá. "Não vos inquieteis com nada! Em todas as circunstâncias apresentai a Deus as vossas preocupações, mediante a oração, as súplicas e a ação de graças. E a paz de Deus, que excede toda a inteligência, haverá de guardar vossos corações e vossos pensamentos, em Cristo Jesus" (Filipenses 4:6-7).

Paciência Heroica

Uma das figuras mais conhecidas da Bíblia por sua imensurável paciência é Jó, que enfrentou todas as provações de Satanás e, sem reclamar, rasgou seu manto, botou os joelhos no chão e disse: "Nu saí do ventre da minha mãe, e nu tornarei para lá. Deus me deu, e Deus tirou; bendito seja o nome do Senhor" (Jó 1:20-21). Da mesma forma agiu Maria de Nazaré: enfrentou cada problema pacientemente, sem nunca blasfemar ou pensar em desistir. Ao contrário, juntava cada pedra em seu caminho para formar uma escada para os Céus. Isso porque ela sabia que "nenhuma folha cai da árvore se não for vontade do Pai". Ou seja: tudo o que lhe acontecia fazia parte dos planos divinos, portanto, eram necessárias paciência e perseverança para que o tempo mostrasse o porquê de cada coisa.

Maria em sua vida: respirar, contar até dez, manter a calma. Essa é uma atitude prática a ser tomada diante de algo que te tira a paciência, pois evita que a raiva tome conta e que você aja por impulso, falando o que não deveria e magoando o outro. Seja paciente com aqueles que pensam diferente de você. Seja tolerante com aquele que vive diferente de você. Tenha paciência para alcançar seus objetivos e para resolver os seus problemas. Quando estiver no seu limite, lembre-se de Nossa Senhora e de tudo o que Ela passou com o coração sereno. Peça seu auxílio e que restaure a paciência em sua vida.

Pureza Divina

Seu título já diz: Virgem Maria. Aquela que é Imaculada, pura, livre do pecado original. Seu coração, corpo, pensamentos e sentimentos eram voltados a Deus. Nada nem ninguém foi capaz de tirar a pureza de seu caráter e de seus atos, que eram sempre pautados pela temperança e pelo amor.

Maria em sua vida: quando Jesus diz "Deixai vir a mim as crianças, porque delas é o Reino dos Céus" (Mateus 19:14), Ele também faz uma alusão à pureza. Existe coração mais puro do que o de uma criança? Por isso, para conquistarmos o Reino de Deus, devemos manter nosso espírito limpo e cristalino como o dos pequenos e como o de Nossa Senhora. Nada do que fizermos deve ter outra intenção que não forem a paz, o amor e o bem.

Padre Lúcio Cesquin

Sabedoria Divina

A Sabedoria Divina é Nosso Senhor Jesus Cristo. Maria Santíssima, como sua Mãe, carregou a Sabedoria em seu ventre, tornando-se sua Rainha. Assim, podemos dizer que Maria é a árvore da Vida, e Jesus o fruto da Sabedoria. Por meio do poder supremo de seu Filho amado, ela foi sábia em cada decisão e em cada passo dado, seguindo e multiplicando os sagrados ensinamentos de Nosso Senhor.

Maria em sua vida: quanto mais próximo você estiver de Maria, mais próximo estará de Jesus e, assim, da Sabedoria Divina. Faça o bem, mantenha seu coração puro, peça perdão pelos seus pecados e ande no caminho da luz. Com o auxílio de Maria, não há porta que não se abra, nem dúvida que não se esclareça. Ela é a luz que lhe mostra a Sabedoria e o ajuda em todo o tempo.

CAPÍTULO 6

Bênçãos de Nossa Senhora

Chegamos ao momento de maior meditação deste livro. Depois de conhecer minha história e minha ligação com a Igreja Católica, aprender um pouco sobre a Virgem Maria e sua representação na face de Nossa Senhora de Fátima, aprender a rezar o terço sagrado e espelhar-se nas virtudes da Virgem, agora é a hora de silenciar o coração. Concentre seus pensamentos em Deus, peça a intercessão de Sua Mãe e ore comigo para alcançar bênçãos em todos os setores de sua vida.

Para começar, quero apresentar a você uma oração muito importante, que nos liga diretamente a Nossa Senhora, chamada Angelus. Esse nome faz referência ao Arcanjo Gabriel e ao momento da Anunciação, que é o momento em que o Arcanjo Gabriel anunciou que Maria seria a mãe de Jesus. Prece

Padre Lúcio Cesquin

tradicional no Catolicismo, o Angelus nos permite lembrar a concepção de Jesus Cristo no ventre de Maria pelo poder do Espírito Santo. E não nos deixa esquecer o quão humilde Ela foi ao aceitar os desígnios divinos para que possamos imitá-la em cada ato. Como um remédio para a alma, ele deve ser rezado três vezes ao dia: às seis horas da manhã, com o intuito de agradecer a vinda de Jesus à Terra e oferecer a Ele o nosso dia; ao meio-dia, como referência ao horário da crucificação de Cristo, para louvá-lo por meio da intercessão da Virgem Maria; e às seis horas da tarde, em ação de graças pelo dia, como confissão dos pecados e pedindo uma noite abençoada.

1ª parte

Invocação: O Anjo do Senhor anunciou à Maria.

Resposta: E Ela concebeu do Espírito Santo.

Oração: Ave Maria, cheia de graça, o Senhor é convosco! Bendita sois vós entre as mulheres e bendito é o fruto do vosso ventre, Jesus. Santa Maria, Mãe de Deus, rogai por nós, pecadores, agora e na hora da nossa morte. Amém.

Final: Glória ao Pai, ao Filho e ao Espírito Santo. Como era no princípio, agora e sempre. Amém.

2ª parte

Invocação: Eis aqui a Serva do Senhor.

Resposta: Faça-se em mim segundo a vossa palavra.

Maria em nossa vida

Oração: Ave Maria, cheia de graça, o Senhor é convosco! Bendita sois vós entre as mulheres e bendito é o fruto do vosso ventre, Jesus. Santa Maria, Mãe de Deus, rogai por nós, pecadores, agora e na hora da nossa morte. Amém.

3ª parte

Invocação: E o Verbo se fez carne.
Resposta: E habitou entre nós.
Oração: Ave Maria, cheia de graça, o Senhor é convosco! Bendita sois vós entre as mulheres e bendito é o fruto do vosso ventre, Jesus. Santa Maria, Mãe de Deus, rogai por nós, pecadores, agora e na hora da nossa morte. Amém.

4ª parte

Invocação: Rogai por nós, Santa Mãe de Deus!
Resposta: Para que sejamos dignos das promessas de Cristo.

5ª parte

Invocação: Oremos. Derramai, ó Deus, a Vossa graça em nossos corações, para que, conhecendo pela mensagem do anjo a encarnação do Vosso Filho, cheguemos, por Sua Paixão e Cruz, à glória da Ressurreição. Por Cristo, nosso Senhor.
Resposta: Amém.
Final: Glória ao Pai, ao Filho e ao Espírito Santo. Como era no princípio, agora e sempre. Amém. (3 vezes.)

Padre Lúcio Cesquin

União para a família

O que é família? De maneira bem simples, podemos defini-la como um grupo de pessoas que convivem, se amam e se respeitam por meio de laços de sangue e/ou de afeto. É no seio familiar que somos educados e formamos o nosso caráter. O lar é — ou pelo menos deveria ser — nosso porto seguro, onde encontramos e oferecemos apoio, colo, braços e ouvidos.

Nosso exemplo maior é a Sagrada Família, formada por Jesus, Maria e José: Jesus, filho de Deus que Se fez homem para nos salvar; Maria, que obediente atendeu ao chamado para ser a Sua mãe; José, que acreditou em sua esposa e aceitou a missão de ser o pai adotivo de Cristo. Modelos de pais que fugiram para que Jesus viesse ao mundo em segurança. Um pai que educou seu filho e o ensinou um ofício. Uma mãe que não abandonou seu filho e esteve ao lado d'Ele até a hora de Sua morte. Um filho que respeitou e honrou seus pais.

Em nosso dia a dia, a convivência no seio familiar nem sempre é fácil. Isso porque cada ser humano é único, com características próprias, o que pode gerar divergências. Porém, elas não podem ser maiores que o amor e o respeito mútuo. Então, que tal conversar com as pessoas de sua casa e colocar em prática esses passos para manter a paz com os seus?

1. Tenha fé em Deus e viva cada ensinamento d'Ele, amando

o próximo como a si mesmo. E isso deve começar em casa.

2. Confie em você, em sua família e ajude a criar um ambiente de amor e paz ao seu redor.

3. Divirta-se mais com a sua família, proponha programas diferentes, enfim, tente unir cada vez mais as pessoas de sua casa. Se tiver filhos pequenos, tente sempre reservar alguns momentos para brincar com eles.

4. Resolva os problemas em seu lar sempre com diálogo, carinho e amor. É respeitando as diferenças que se conquista o respeito dos outros.

5. Convide sua família para participar da vida da comunidade em que vive, evitando as más companhias.

6. Quando surgir alguma dificuldade, tente resolvê-la com calma e aprenda a ver o lado positivo das dificuldades.

7. Respeite a opinião de quem pensa diferente de você. Deixe a pessoa falar o que quer e, depois, expresse sua ideia.

8. Fale sobre seus sentimentos com sinceridade e exponha seu ponto de vista sem querer se impor.

9. Procure dar bons exemplos em seu lar, mostrando que também segue aquilo que fala.

10. Quando ofender alguém, peça desculpas. Quando for ofendido, saiba perdoar.

Pela intercessão de Nossa Senhora, Mãe de Deus e de todos nós, rezemos:

"Virgem Santíssima, que aceitastes receber em seu ventre o Verbo Encarnado e, com São José, formar uma família: a Sagrada Família de Nazaré. Vós, que enfrentastes o desconhecido sem temer; a má língua de seu povo que a maldizia sem crer; as dores e a morte de Seu Filho para a salvação do mundo. Ajudai-nos a manter nossa família unida diante das adversidades. Que, pela fé em Deus, possamos juntos superar os problemas e restaurar a harmonia em nosso lar. Que nosso afeto seja maior que qualquer obstáculo, e que cada pedra no caminho seja superada em nome dos nossos laços. Mãe querida, rogai por nós. Amém."

Saúde fortalecida

Quantas vezes você negligenciou sua saúde para atender a chamados terrenos? Deus nos deu um corpo, uma mente e um espírito para que possamos ter uma vida plena. Precisamos valorizá-los e cuidar deles com carinho.

De que adianta ter bens materiais sem ter saúde? De que adianta ser bem-sucedido se o estresse faz parte de sua rotina? De que adianta ganhar dinheiro se não sobra tempo para o bem-estar? Será mesmo que vale a pena sacrificar seu organismo dessa forma? Para o seu bem-estar físico, cuide de sua alimentação, faça exercícios, mantenha seus exames em dia, tenha bons hábitos. Para sua cabeça, evite o excesso de afazeres, equilibre sua rotina, tenha momentos de lazer e boas noites de sono. Para os cuidados com a alma, a Bíblia nos diz: "Meu filho, escute o que digo a você; preste atenção às minhas palavras. Nunca as perca de vista; guarde-as no fundo do coração, pois são vida para quem as encontra e saúde para todo o seu ser" (Provérbios 4:20-22).

Concluída a sua parte, conte com a ajuda divina. "A oração feita com fé curará o doente; o Senhor o levantará. E, se houver cometido pecados, ele será perdoado" (Tiago 5:15). Então, peçamos o auxílio dos Céus:

"Nossa Senhora da Saúde, lembro-me do que nosso irmão, o Evangelista Mateus, nos disse: 'Ele tomou sobre si as nossas enfermidades e sobre si levou as nossas doenças'. Ajuda-me a não perder a fé nessas palavras, minha mãe. Ajuda-me a torná-las remédio para meu corpo físico, mental e espiritual. Alivia minhas dores e restaura minha saúde. Auxilia, também, todos os nossos irmãos enfermos que não têm acesso aos tratamentos deste mundo. Que o Corpo e o Sangue de Cristo sejam a cura para suas doenças. Tira toda a dor do peito e do corpo de todos os que sofrem e permite que eles encontrem em Deus o que não encontram na medicina. Não nos desampara, Mãe, e restaura prontamente a nossa saúde. Amém!"

Maria em nossa vida

Proteção para o relacionamento

A convivência com outras pessoas nem sempre é fácil, principalmente se for diária. Quando falamos em relacionamento a dois, então, os problemas tendem a aumentar. E isso acontece com todo mundo, viu? Não é um "defeito" só seu e do seu par, não!

As dificuldades fazem parte da vida e estão aí para nos fazer evoluir como seres humanos, aprender e mudar quando for necessário. E, se há amor, esse crescimento é certo. Porque o amor é fundamental em cada pensamento, em cada palavra, em cada gesto. Sem amor, nada somos.

Vamos relembrar a mensagem de São Paulo sobre isso?

> "Ainda que eu falasse as línguas dos homens e dos anjos, e não tivesse amor, seria como o metal que soa ou como o sino que tine. E ainda que tivesse o dom de profecia, e conhecesse todos os mistérios e toda a ciência, e ainda que tivesse toda a fé, de maneira tal que transportasse os montes, e não tivesse amor, nada seria. E ainda que distribuísse toda a minha fortuna para sustento dos pobres, e ainda que entregasse o meu corpo para ser queimado, e não tivesse amor, nada disso me aproveitaria. O amor é sofredor, é benigno; o amor não é invejoso; o amor não trata com leviandade, não se ensoberbece. Não se porta com indecência, não busca os seus interesses, não

Padre Lúcio Cesquin

se irrita, não suspeita mal; não folga com a injustiça, mas folga com a verdade. Tudo sofre, tudo crê, tudo espera, tudo suporta. O amor nunca falha; mas havendo profecias, serão aniquiladas; havendo línguas, cessarão; havendo ciência, desaparecerá. Porque, em parte, conhecemos, e em parte profetizamos; mas, quando vier o que é perfeito, então o que o é em parte será aniquilado. Quando eu era menino, falava como menino, sentia como menino, discorria como menino, mas, logo que cheguei a ser homem, acabei com as coisas de menino. Porque agora vemos por espelho em enigma, mas então veremos face a face; agora conheço em parte, mas então conhecerei como também sou conhecido. Agora, pois, permanecem a fé, a esperança e o amor, estes três, mas o maior destes é o amor."[1]

É um lindo resumo sobre a importância desse sublime sentimento, não é mesmo? E para que ele seja cultivado no dia a dia, duas palavras se fazem necessárias: respeito e diálogo. Então, se você está passando por momentos difíceis em seu relacionamento amoroso, aprenda a dizer o que pensa sem machucar a outra pessoa, a ceder quando necessário e a conversar sempre!

---

1. 1 Coríntios 13:1-13

Maria em nossa vida

Não se esqueça, também, de desenvolver a rotina da oração com o seu par. Escolham um trecho da Bíblia ou façam apenas uma prece lado a lado. Isso trará boas influências divinas e ajudará a construir um relacionamento harmonioso e cheio de felicidade! Por isso, deixo aqui minha oração para abrir os seus caminhos no amor:

"Minha Mãe, nunca se ouviu dizer que desamparastes um filho Vosso em dificuldades. Por isso, aqui estou, de joelhos aos vossos pés, pedindo vosso auxílio maternal para o meu relacionamento. Que nós, enquanto casal, possamos juntos fazer valer nossos votos na alegria e na tristeza, na saúde e na doença. Que saibamos respeitar a individualidade um do outro e o tempo de cada um. Que possamos entender que o amor muda, mas que isso não significa que deixou de existir. Que as opiniões são divergentes, mas que isso não significa que não haja tolerância. Nossa Senhora, ajudai-nos a enfrentar nossos problemas conjugais e a transformá-los em parceria e união. Que nosso desejo mútuo de superar as dificuldades nunca se apague. E que o amor sempre vença. Assim seja."

Trabalho iluminado

Quem não conhece o ditado popular que diz: "O trabalho dignifica o homem?". Quanta verdade em tão poucas palavras! Quando temos um ofício que nos faz feliz e, com o nosso suor, conseguimos dinheiro para nosso sustento e/ou de nossos familiares, nos sentimos realizados.

Diante disso, não é exagero afirmar que um dos períodos mais difíceis que se pode enfrentar na vida é o desemprego. Por outro lado, quando estamos trabalhando, até mesmo levantar da cama de manhã se torna uma tarefa árdua, pois a tristeza e o desânimo para enfrentar a rotina no ambiente profissional se tornam mais fortes que a esperança.

Diante do desemprego e das buscas malsucedidas por uma vaga, a família toda sofre com as contas se acumulando. Ao mesmo tempo, a autoestima cai e nada parece servir de consolo. Mas lembre-se de que essa difícil fase é temporária e que Deus está ao seu lado.

É por meio da fé que podemos vencer todos esses obstáculos, renovando nossas forças, sem desistir das bênçãos que Deus tem preparado para nós. O mesmo vale para quem trabalha, mas que está vivendo alguma situação tensa como, por exemplo, muita competição entre colegas, inveja ou pressão dos seus superiores.

Por isso, é importante recorrer às orações, pois são elas que nos ajudam a renovar nossas forças e abrir as portas para novas oportunidades de trabalho. Você também pode rezar por alguém especial ou orar em agradecimento às bênçãos que tem recebido em sua vida profissional.

Pela intercessão de Nossa Senhora de Fátima, eleve suas mãos aos Céus e ore:

"Virgem do Rosário, que nos pedistes para praticarmos o perdão, perdoai a minha falta de fé neste momento de desespero. Perdi meu emprego e tenho dificuldades para encontrar outro. Tenho bocas para alimentar, contas para pagar e só vejo portas batendo em meu rosto. Falta-me a esperança de dias melhores. Perdoai-me, Mãe, e vinde em meu socorro! Restaurai minhas forças para seguir em frente. E iluminai os meus caminhos, guiando meus passos na direção de um novo trabalho. Não me desampares, eu vos peço, do fundo do meu coração. Permiti-me encontrar um novo ofício. Serei eternamente grato e levarei vosso nome por onde eu for. Amém!".

Padre Lúcio Cesquin

Doenças da alma

Todo mundo já passou por alguma situação difícil ao menos uma vez na vida, não é? Afinal, basta estarmos vivos para nos tornarmos suscetíveis às provações de Deus. Mas há momentos em que absolutamente nada parece dar certo: doenças que não se curam, falta de dinheiro, violência, desemprego, enfim, o desespero toma conta! Nessas horas, é normal se sentir incapaz de suportar os problemas. E também é comum que surjam doenças como depressão e ansiedade. Se este for o seu caso, busque ajuda profissional e trate da sua saúde física.

Por outro lado, não deixe de cuidar da saúde de seu espírito por meio das orações. Aí você pode se questionar: "Se Deus é o nosso Pai e a Virgem Maria é a nossa Mãe, como podem permitir que passemos por grandes dores e angústias?". Eu posso responder, meu irmão, minha irmã: tudo possui um propósito divino e, como diz a Bíblia, "Deus ama aqueles que são seus filhos e todas as coisas cooperam para o bem daqueles que amam a Deus" (Romanos 8:28). E é justamente nesses momentos de dificuldade que devemos elevar nossos pensamentos a Ele, fortalecer a nossa fé e nunca perder a esperança.

De que modo? Pois bem, para quem crê, a fé não tem uma explicação: ela simplesmente existe. É a consciência de que algo maior, mais poderoso, bondoso, justo e capaz de nos fortalecer e nos fazer acreditar no impossível vai nos dar a serenidade e a energia necessárias para resolver qualquer problema. Na Bíblia está descrito: "A fé é a certeza daquilo que ainda se espera, a demonstração de realidades que não se veem" (Hebreus 11:1). E aqueles que possuem a fé verdadeira poderão comprovar seus resultados com muito mais força. Mas lembre-se: ter fé é mais do que acreditar nos desígnios do Senhor. Ter fé é viver de acordo com os princípios e transmitir os seus ensinamentos de amor e bondade. Para começar, indico algumas mudanças simples em seu dia a dia que podem ajudar:

1. Acorde e agradeça por mais um dia de vida.
2. Tenha perseverança para mudar.
3. Controle os pensamentos negativos e confie mais em você.
4. Nos momentos de angústia e dor, quando sentir vontade de abandonar tudo, lembre-se de que Deus nos deu o dom da vida para buscarmos a felicidade.
5. Pense que muitas pessoas passam por grandes dificuldades, então, fortaleça suas orações diariamente por todas elas.
6. Seja gentil com as pessoas que cruzarem o seu caminho.
7. Seja tolerante com as diferenças e pratique o bem.

Essas atitudes já lhe auxiliarão a manter o pensamento positivo e seguir firme em sua caminhada. Mas, para fortalecer ainda mais a sua fé na cura das doenças da alma e em dias melhores, peça a intercessão de Nossa Senhora com essa prece iluminada:

"Virgem Maria, que suportastes com Vosso Filho o peso da cruz e Sua morte, eu Vos peço encarecidamente: ajudai-me a suportar a dor da minha alma com toda a força do meu espírito e de minha mente. Tenho sofrido demais, então, que me concedais uma glória (faça seu pedido). Muitas vezes, acho que não vou resistir a tanta dor e tenho medo de desistir de tudo. Só mesmo a Vossa ajuda, minha Mãe, poderá me salvar e me mostrar por onde seguir. Nossa Senhora, aumentai a minha fé. Amém!"

Proteção contra a inveja

A inveja é um sentimento comum no ser humano, porém, não é nobre. Ela está presente desde o início da criação, quando Caim, filho de Adão e Eva, matou o irmão, Abel, movido por esse sentimento corrosivo (Gênesis 4). A inveja é tão perigosa — tanto para quem sente quanto para quem é vítima dela — que a Igreja Católica a considera um dos sete pecados capitais junto com a gula, a avareza, a luxúria, a ira, a preguiça e o orgulho. Além disso, ela está implícita no 10º mandamento: "não cobiçai as coisas alheias".

Mas, afinal, o que é inveja? Mais do que desejar aquilo que é do outro — seja material ou não, como a beleza, o status ou até o amor de alguém — é também não valorizar aquilo que se é e o que se tem. É sentir-se frustrado por não ser ou possuir algo ou alguma coisa, desenvolvendo, inclusive, ciúme e raiva do outro. Ninguém está imune a esse sentimento. Muitas vezes, sem querer ou perceber, você o desenvolve por algum instante, mesmo que em tom de admiração. O que não pode é deixar esse sentimento influenciar em suas relações, prejudicando a sua saúde espiritual e a do seu próximo. Caso você se depare com a inveja em seu coração, use-a como estímulo para mudar e conquistar aquilo que deseja. E seja generoso com aquele em quem está se espelhando: elogie-o e diga a ele que o vê como inspiração. Essa atitude vai acalentar o seu coração e deixar a pessoa feliz.

A Bíblia, com suas palavras iluminadas, nos orienta sobre a inveja e seus males. Vejamos algumas passagens e, no fundo do nosso coração, meditemos sobre elas em nossas vidas:

"Não cobiçarás a casa do teu próximo. Não cobiçarás a mulher do teu próximo, nem seus servos ou servas, nem seu boi ou jumento, nem coisa alguma que lhe pertença." (Êxodo 20:17.)

"Pois do interior do coração dos homens vêm os maus pensamentos, as imoralidades sexuais, os roubos, os homicídios, os adultérios, as cobiças, as maldades, o engano, a devassidão, a inveja, a calúnia, a arrogância e a insensatez. Todos esses males vêm de dentro e tornam o homem impuro." (Marcos 7:21-23.)

"Não sejamos presunçosos, provocando uns aos outros e tendo inveja uns dos outros." (Gálatas 5:26.)

"Pois onde há inveja e ambição egoísta, aí há confusão e toda espécie de males." (Tiago 3:16.)

"Quando o meu coração estava amargurado e no íntimo eu sentia inveja, agi como insensato e ignorante; minha atitude para contigo era a de um animal irracional." (Salmos 73:21-22.)

"O coração em paz dá vida ao corpo, mas a inveja apodrece os ossos." (Provérbios 14:30.)

Nossa Senhora, nossa Mãe do Céu, pode nos proteger contra esse sentimento. Reze com fé sempre que se sentir ameaçado:

"Deus Pai Todo-Poderoso, Criador do céu e da terra, que escolheu a Virgem Maria como Mãe terrena de Seu Filho Salvador. Por meio de sua intercessão maternal, livre nosso coração de toda impureza e nossa mente de sentimentos negativos. Não permita que criemos inveja e cobiça diante da felicidade do nosso semelhante. Não permita que desejemos aquilo que não nos pertence. Limpe nosso espírito para que sejamos puros como Nossa Senhora. E blinde nosso corpo e nossa alma contra todo tipo de mau-olhado. Que a inveja alheia não nos atinja e que, se atingir, se transforme em amor e luz. Assim seja."

Padre Lúcio Cesquin

Superação do luto

Perder alguém especial, independentemente da circunstância, nunca é fácil. Quando passamos por essa situação, muitas vezes, nos sentimos desolados e até revoltados, sem entender a razão pelo qual a pessoa se foi. Durante o luto, a saudade e a tristeza são sentimentos constantes e é difícil encontrarmos consolo. Mas o tempo de Deus é diferente do nosso. E somente com o passar do tempo é que entenderemos os Seus desígnios. Até lá, não podemos perder de vista que estamos neste mundo de passagem, e que a nossa felicidade só será completa no Céu, como a própria Bíblia nos diz em uma citação de Jesus: "Todo aquele que o Pai me dá, virá a mim, e o que vem a mim não lançarei fora. Pois desci do céu não para fazer a minha vontade, mas a vontade daquele que me enviou. Ora, esta é a vontade daquele que me enviou: que eu não deixe perecer nenhum daqueles que me deu, mas que os ressuscite no último dia. Esta é a vontade de meu Pai: que todo aquele que vê o Filho e Nele crê, tenha a vida eterna; e eu o ressuscitarei no último dia." (João 6:37-40).

Se você está enfrentando a dor da perda, não deixe que o sofrimento te faça esquecer que nesta hora também devemos nos apegar à fé. Isso porque é só por meio dela que podemos, além de aliviar nosso coração e superar esse momento tão difícil, enviar nossas orações para que a alma do nosso ente querido descanse em paz. Reze comigo com muita fé:

"Deus, de infinita sabedoria, que fizestes Maria de Nazaré forte para enfrentar sua missão tão preciosa. Que não a deixastes esmorecer diante da morte de Seu Filho Jesus na cruz. Não permitais que eu venha a sucumbir perante o sofrimento de perder *(diga o nome do seu ente falecido)*. Que, inspirado na fé e na força de Nossa Senhora, eu também possa continuar firme em minha caminhada e entender que nada acontece se não for pela vontade do Pai. Ajudai-me, ó Senhor, a honrar o meu tempo neste mundo e encontrar sentido na vida sem meu (ou minha) amado (ou amada) *(diga o nome do seu ente falecido)*. E que a Virgem Santíssima receba sua alma em seus braços, ajudando-a a encontrar a paz e o descanso eterno. Amém."

Padre Lúcio Cesquin

O poder do perdão

Antes de falarmos sobre esse gesto tão sublime, vamos entender a raiz da palavra. Ela vem do latim "perdonare", em que "per" quer dizer "total" ou "completo" e "donare" quer dizer "doar, entregar". Ou seja, de forma resumida, podemos dizer que "perdoar" significa "doar-se por inteiro", libertar-se de todas as mágoas com o coração aberto. Para perdoar, você não precisa esquecer: basta superar o ocorrido sem olhar para trás. Pois o perdão pode ser um caminho para a saúde física, mental e espiritual, já que liberta as pessoas de sentimentos que, somatizados, podem ocasionar diversos males.

Ao contrário do que muitos pensam, aquele que perdoa não é superior, mas humilde a ponto de se colocar no lugar do outro e compreendê-lo. Jesus, na oração do Pai Nosso, disse: "(...) perdoai as nossas ofensas assim como nós perdoamos a quem nos tem ofendido". E essa não foi a única vez que Ele nos orienta a praticar o perdão. Lembremos algumas outras:

"Não julguem e vocês não serão julgados. Não condenem e não serão condenados. Perdoem e serão perdoados." (Lucas 6:37.)

"Sejam bondosos e compassivos uns para com os outros, perdoando-se mutuamente, assim como Deus os perdoou em Cristo." (Efésios 4:32.)

"Se o seu irmão pecar, repreenda-o e, se ele se arrepender, perdoe-lhe. Se pecar contra você sete vezes no dia, e sete vezes voltar a você e disser: 'Estou arrependido', perdoe-lhe". (Lucas 17:3-4.)

"Então Pedro aproximou-se de Jesus e perguntou: 'Senhor, quantas vezes deverei perdoar a meu irmão quando ele pecar contra mim? Até sete vezes?'. Jesus respondeu: 'Eu digo a você: Não até sete, mas até setenta vezes sete'." (Mateus 18:21-22.)

"E, quando estiverem orando, se tiverem alguma coisa contra alguém, perdoem-no, para que também o Pai celestial perdoe os seus pecados. Mas, se vocês não perdoarem, também o seu Pai que está nos céus não perdoará os seus pecados." (Marcos 11:25-26.)

Não se esqueça, você também, de pedir perdão a Nosso Senhor por todas as suas falhas. Em suas preces, faça um exame de consciência e reflita sobre todas as vezes que, em pensamentos, palavras ou ações, pecou contra o próximo ou contra Deus. Na liturgia das missas, rezamos a confissão, que também pode ser feita em suas orações individuais: "Confesso a Deus Pai, Todo-Poderoso, e a vós, irmãos e irmãs, que pequei muitas vezes por pensamentos e palavras, atos e omissões. Por minha culpa, minha tão grande culpa. E peço à Virgem Maria, aos Anjos e Santos, e a vós, irmãos e irmãs, que rogueis por mim a Deus, Nosso Senhor". Além disso, você também pode proferir a prece seguinte, pedindo aos Céus para auxiliá-lo no processo de perdoar:

"Meu Senhor Amado, vós, que prestes a morrer pregado na cruz, rogastes a Deus: 'Pai, perdoa-lhes, porque não sabem o que fazem'[2]. Vós que nos ensinastes, por meio de Vossa oração, que seremos perdoados à medida que perdoarmos, livrai nosso coração de toda a mágoa. Permiti-nos entendermos o erro alheio sem julgamentos e, diante do arrependimento, perdoarmos com toda nossa sinceridade. Que não haja espaço em nosso ser para ressentimentos, vingança e qualquer outro sentimento ruim. Que só haja lugar para o amor e o perdão. E que, da mesma forma, possamos nos redimir aos Vossos pés em um gesto de contrição para que, pela intercessão de Vossa Mãe Santíssima, sejamos perdoados. Por Cristo, Nosso Senhor, amém!"

---

2. Lucas 23:34

Vícios

Muitas vezes, em conversas do cotidiano, usamos expressões como: "Sou viciado em assistir tal programa" ou "sou viciado em chocolate". Na verdade, essas são metáforas, pois o vício real é uma doença e deve ser encarado com seriedade. Quando uma pessoa não consegue ficar sem determinada coisa, ela pode estar dependente daquilo. Dessa forma, o vício é algo prejudicial tanto para a pessoa — que sente abstinência e uma necessidade extrema de algo — quanto para quem se relaciona com ela, já que essa dependência causa situações constrangedoras no dia a dia. O vício pode estar relacionado à bebida, substâncias químicas, comida, jogos e até internet, por exemplo. E as causas podem ser as mais variadas possíveis.

Não sou médico, nem especialista em saúde, então, não posso me aprofundar nesse aspecto. Mas, como padre, deixo uma orientação: se você ou alguém de sua família está com a vida prejudicada por conta de algum tipo de dependência, procure ajuda profissional. O vício é um problema de saúde, mas tem tratamento. E o dependente precisa de acompanhamento constante para seguir sua vida normalmente.

Fora isso, é importante fortalecer a vida espiritual para conseguir a cura e a salvação. Quando rezamos o Pai-Nosso, dizemos: "E não nos deixeis cair em tentação". Como é importante pedir isso com fé! Somos tentados o tempo todo, por todos os lados, seja pelo consumismo, pelas fofocas, pelo acúmulo de bens materiais, por prazeres mundanos... Tudo isso pode se tornar tão recorrente ao ponto de ser fatal. Vamos lembrar alguns trechos da Bíblia que trazem luz para esse tema e nos fortalecem ao meditá-los:

"Todas as coisas me são lícitas, mas nem todas as coisas convêm; todas as coisas me são lícitas, mas eu não me deixarei dominar por nenhuma." (1 Coríntios 6:12.)

"E não nos induzas à tentação, mas livra-nos do mal; porque teu é o Reino, e o poder, e a glória, para sempre. Amém!" (Mateus 6:13.)

"Vigiai e orai, para que não entreis em tentação; na verdade, o espírito está pronto, mas a carne é fraca." (Mateus 26:41.)

"Sujeitai-vos, pois, a Deus; resisti ao diabo, e ele fugirá de vós." (Tiago 4:7.)

Para que você ou alguém que você conhece possa ser curado dos males do vício, orando sobre os versículos acima, recorramos à Virgem Maria, pedindo seu santo auxílio:

"Mãe, quantas vezes quis chamá-la, mas a vergonha por minha condição me impediu... Quantas vezes eu quis te pedir socorro, mas minha fraqueza não deixou. Será que minha fé é tão pequena que sou incapaz de me curar? Resisto a acreditar nisso e, com a resignação que ainda me resta, peço o Teu socorro. Vem em meu auxílio, Senhora, e cura-me de todos os vícios. Afasta de mim e de minha família todos os empecilhos para a nossa saúde espiritual e física. Que não sejamos escravos de nada além do seu amor e do seu exemplo de vida. Liberta-nos das amarras da dependência para que a paz se faça presente em nossas vidas. Blinda-nos com o escudo da fé em Cristo contra todas as tentações mundanas. Ilumina-nos com sua luz para que possamos enxergar que não há outro caminho para a salvação que não o de Nosso Senhor. Virgem Maria, recebe minhas súplicas e leva-as a Teu Filho Amado para que, na certeza de meu sofrimento e vontade de mudar, me livre de todos os males do vício. Amém!"

Padre Lúcio Cesquin

Mazelas do mundo

Você já reparou que, nas conversas com conhecidos, ou mesmo em conversas de pessoas ao seu lado, sempre tem um assunto triste? Desemprego, preconceito, violência, relacionamentos abusivos, acidentes, grandes tragédias, roubo, racismo, corrupção, doenças... São tantos os problemas, pessoais e coletivos, que eu precisaria de muitas linhas para enumerá-los.

O fato é que os acontecimentos do mundo nos dão a impressão de que nunca vivemos tempos tão difíceis, não é mesmo? Até mesmo quando a nossa vida parece ir bem, os problemas do outro não permitem que sejamos plenamente felizes. Isso tem nome: empatia. Uma palavrinha simples, mas com um significado tão especial: colocar-se no lugar do próximo para sentir o que ele sente e, assim, compreender sua vida. Já ouviu aquele dito popular que diz "não meça os problemas dos outros com a sua régua"? Então, ter empatia é isso! E ela é poderosa, sabia? Ela nos faz praticar um dos mais preciosos valores cristãos que é o de amar ao próximo como a nós mesmos. Quando somos empáticos, não julgamos e somos mais tolerantes. Abrimos nosso coração ao outro e compartilhamos de seu sofrimento.

Mas o que podemos fazer para melhorar as dores do mundo? O principal, que não nos custa nada e tem um imenso poder, é rezar. Sentir no fundo de seu coração tanto pelos problemas dos outros quanto pelos seus. E desejar profundamente

Maria em nossa vida

que eles cessem e que a paz reine em todos os campos. Para inspirar você nesse momento de concentração e pensamentos positivos, quero contar a história de uma famosa prece dedicada a Nossa Senhora. Um fiel deu um testemunho narrando o que seria a origem da milagrosa oração *"Maria, passa na frente"*, que compartilho com você: "Caiu em minhas mãos, algum tempo atrás, um jornal da Associação Maria Porta do Céu, em que Dennis Bougene narra sua última estada na França e como ele viveu a sua experiência de ter que passar na alfândega com um peso muito maior ao que podia entregar. O que ele trazia era material de evangelização. Seria humanamente impossível embarcar com tanta bagagem. Dennis contou a sua preocupação ao Capelão da Basílica do Sagrado Coração de Montaigne, que lhe disse: 'Chegando ao aeroporto diga: 'Maria, passa na frente' e Ela cuidará de todo o material que você carrega para seu Filho: Jesus. Ela cuidará de todos os detalhes melhor do que você imagina. Ela é Mãe, mas é também a porteira. Ela abrirá o coração das pessoas e também as portas pelos caminhos. É só pedir para Ela passar na frente'. E continuou dizendo:'Eu mesmo faço isso milhares de vezes por dia, e a Mãe, indo à frente, os filhos estão protegidos'. Dennis colocou em prática imediatamente e a confiança no Senhor através da Mãe, fez sumir todas as preocupações, permitindo assim a providência acontecer. O amigo que o acompanhava não acreditou no que estava vendo, 140 quilos de bagagem

Padre Lúcio Cesquin

haviam sido 'perdoados' pelo diretor da alfândega — então, exclamou: 'Que sorte você tem!'. Dennis, então, pensou: 'Este amigo não entendeu nada. Não foi uma questão de sorte, foi uma questão de família. Eu tenho o privilégio de ter Maria como Mãe e poder dizer: 'Maria, passa na frente para resolver o que sou incapaz de resolver, cuida do que não está ao meu alcance, tens poder para isso. Quem pode dizer que foi decepcionado por ti, depois de ter te chamado?'. Desde que li esta mensagem, como Dennis, comecei a utilizá-la".

Que linda e inspiradora história! Assim como toda criança sente-se segura nos braços da mãe, todo cristão sente-se protegido pela intercessão de Nossa Senhora. Diante de problemas urgentes, de difícil solução, quando você já fez tudo o que pôde e nada mais depende de seus esforços, reze essa poderosa prece para a Virgem. Você sentirá a paz em seu coração e perceberá a esperança de dias melhores brotar e tomar conta de sua vida. Porque nossa Mãe Divina nunca nos desampara e resolve o que foge do nosso controle. Assim, para que você possa ser operário na construção de um mundo melhor, emitindo as melhores vibrações de fé e amor para que a paz possa reinar, reze essa prece:

"Maria, passa na frente e vai abrindo estradas e caminhos, abrindo portas e portões, abrindo casas e corações. A mãe indo na frente, os filhos estão protegidos e seguem seus passos. Ela leva todos os filhos sob sua proteção. Maria, passa na frente e resolve aquilo que somos incapazes de resolver. Mãe, cuida de tudo que não está ao nosso alcance. Tu tens poder para isso. Vai, Mãe, vai acalmando, serenando e amansando os corações. Vai acabando com o ódio, os rancores, as mágoas e as maldições. Vai terminando com dificuldades, tristezas e tentações. Vai tirando os teus filhos das perdições. Maria, passa na frente e cuida de todos os detalhes, cuida, ajuda e protege todos os teus filhos. Maria, tu és a Mãe e também a porteira. Vai abrindo o coração das pessoas e as portas nos caminhos. Maria, eu te peço: passa na frente e vai conduzindo, levando, ajudando e curando os filhos que precisam de ti. Ninguém pode dizer que foi decepcionado por ti, depois de ter te chamado ou invocado. Só tu, com o poder de teu Filho, podes resolver as coisas difíceis e impossíveis."

POSFÁCIO

Não é possível separar Nossa Senhora tanto da minha vida pessoal quanto da profissional e da religiosa. Sempre que faço um gesto de reflexão interior, me lembro das inúmeras vezes em que Maria estava lá comigo. Na contratação para trabalhar na Rede Vida, emissora que é consagrada a Ela; na data da contratação, que ocorreu três dias antes da festa d'Ela e dois dias antes de o Papa Bento XVI ofertar a rosa de ouro a Nossa Senhora de Fátima; na ordenação subdiaconal, quando recebi uma estola dourada com o rosto estampado da Virgem Maria; na ordenação diaconal, quando, improvisando uma estola de subdiácono, a equipe de liturgia da paróquia vestiu-me com uma estola branca e, somente após as fotos e o vídeo ficarem prontos é que vi que a imagem de Nossa Senhora de Fátima estava ali atrás, como que guardando as minhas costas; também na escolha de meu padrinho para que eu apresentasse o Santo Terço e este produzisse frutos tão generosos por graça de Deus. Por todos esses motivos testemunhados neste livro, espero que você possa compreender como realmente enxergo a presença real de Maria em minha vida e, o mais importante: como Ela pode fazer milagres em sua vida também. Entendo que ainda há muito a se dizer sobre a Virgem, tamanha a sua importância. Quem sabe eu possa dar continuidade a este tema em uma próxima obra? Nesta, porém, pretendi selecionar o que de mais precioso eu poderia compartilhar com você em um primeiro contato com a minha própria literatura.

Espero, humildemente, que eu tenha conseguido tocar seu coração e ajudado a fortalecer sua fé em Nossa Senhora. Que você tenha conseguido sentir o amor da Mãe Celestial preencher sua vida e iluminar seus caminhos. Tenha certeza de que, assim como nunca me desemparou, a Virgem Maria também não te abandonará. Reze com fé e acredite: Ela vai interceder por você junto a Jesus e você conseguirá alcançar as bênçãos que tanto necessita.

Salve, Maria!

REFERÊNCIAS BIBLIOGRÁFICAS

Livros

CHAGAS, Carolina. Pai-nosso: a oração que Jesus nos ensinou. São Paulo: Larousse, 2007.

DIAS, João Scognamiglio Clá. Pequeno ofício da Imaculada Conceição comentado. 2. ed. São Paulo: Artpress, 2011. 2 v.

PAREDES, José Cristo Rey García. Mariologia: síntese bíblica, histórica e sistemática. São Paulo: Ave-maria, 2018.

PROF. PE. JOSÉ JOSIVAN BEZERRA DE SALES. Escola Teológica Para Leigos da Arquidiocese de Olinda e Recife. Apostilas de Mariologia. Recife, 2007. Disponível em: <https://hectorucsar.files.wordpress.com/2015/04/mariologia-josc3a9-josivan-bezerra-de-sales.pdf>. Acesso em: 10 jan. 2019

Sites

arautos.org
arqrio.org
bibliaon.com
catolicoorante.com.br
cleofas.com.br
folha.uol.com.br
formacao.cancaonova.com
mariapassanafrente.com.br
nossasagradafamilia.com.br
padrepauloricardo.org
paieterno.com.br
pt.aleteia.org
w2.vatican.va

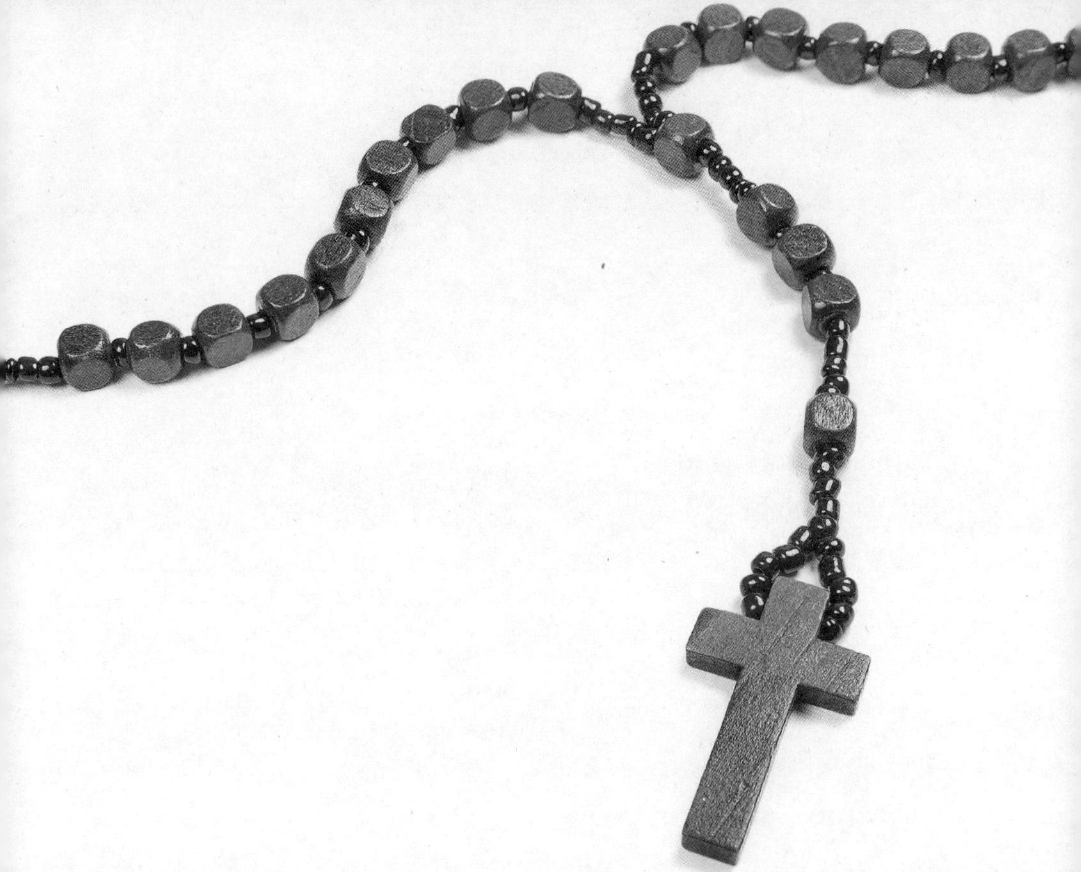

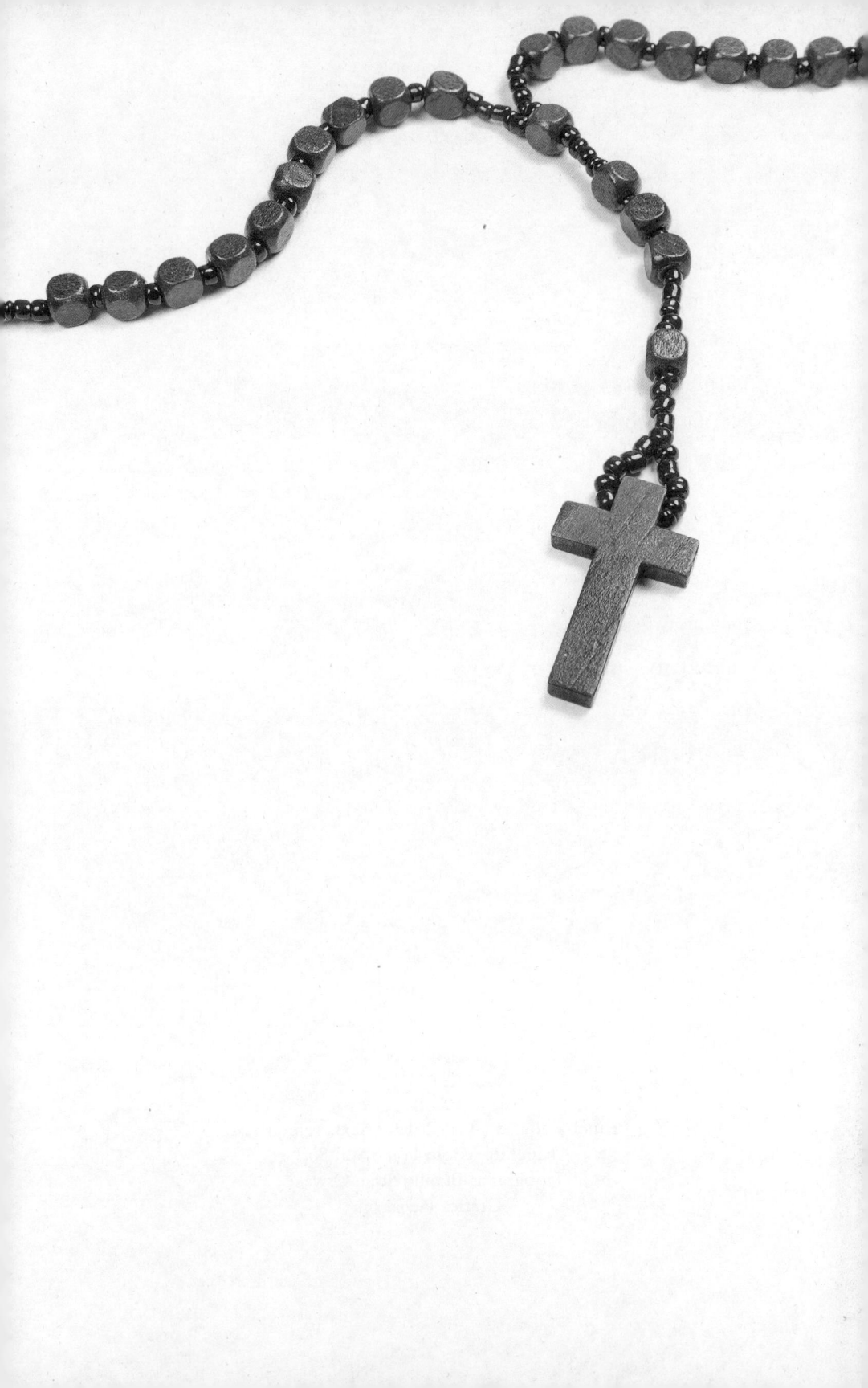

Primeira edição (abril/2019) • Sexta reimpressão
Papel de Miolo Pólen Soft 80g
Tipografias Bembo Std e Oswald
Gráfica PlenaPrint